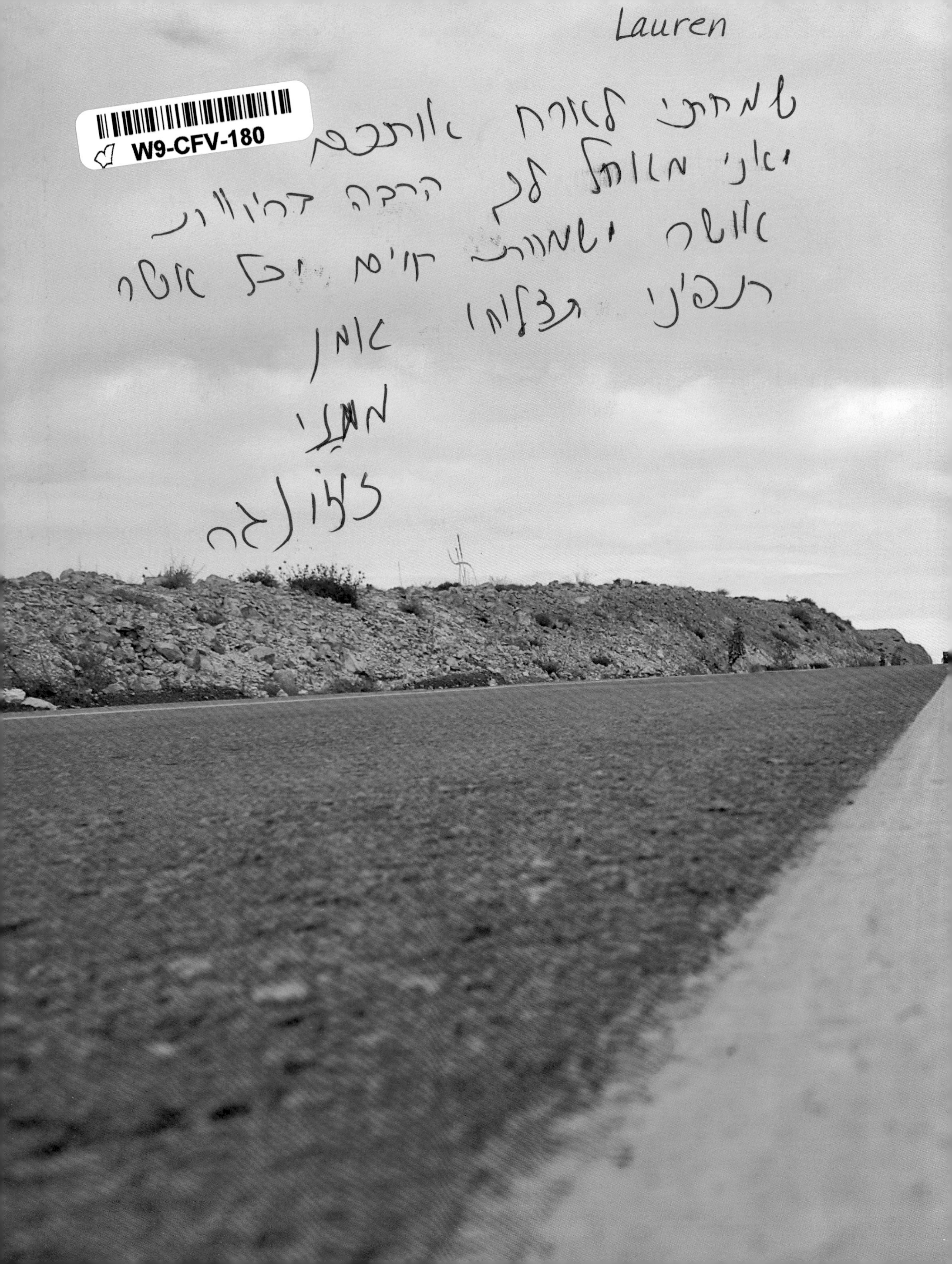

Lauren

שמחתי לארח אותכם

ואני מאחל לך

אושר ושמחה

אמן

ממני

Flavors & Delights of Yeruham

Editor in chief: Lea Kantor Matarasso
Production & Administration: Sari Itzhak
English: Ofer Barsadeh
Proofreading: Roni Langerman-Ziv
Design: Michal & Dekel Studio
Interviews with Culinary Queens: Ronit Naim
Photography: Dror Katz
Photography assistants: Oren Grinfeld & Ben Cohen
Porphyry photo pg. 34: David Dukarker
Print Production: Zvi - Print Industries Group Ltd.
Print: Emanuel
Binding: The Keter Binding Co.

Publisher: Kantor Matarasso & Itzhak
+972-54-3199974/5 kantor.itzhak@gmail.com

Printed in Israel 2009

New Yeruham Fund Tel. +972-(0)8-659-8202
Email: yuval@yeruham.co.il Website: www.yeruham.co.il

ATID BAMIDBAR R.A Tel. +972-(0)8-658-5484
Email: bamidbaroffice@gmail.com Website: www.bamidbar.org

All proceeds from the sale of this book will go to the New Yeruham Foundation for the Promotion of Education in Yeruham and help to advance the "Culinary Queens of Yeruham" Project

ירוחם, במדבר, דברים

עורכת ראשית: לאה קנטור מטרסו
ניהול והפקה: שרי יצחק
תרגום ועריכה באנגלית: עופר בר-שדה
עריכה לשונית: רוני לנגרמן-זיו
עיצוב: סטודיו מיכל ודקל
ראיונות עם המבשלות: רונית נעים
צילומים: דרור כץ
עוזרי צלם: אורן גרינפלד ובן כהן
צילום הפורפירייה בעמוד 34: דוד דוקרקר
הפקת דפוס: צבי - תשלובת תעשיות דפוס בע"מ
דפוס: עמנואל
כריכה: כריכיית כתר

מו"ל: קנטור מטרסו & יצחק
054-3199974/5 kantor.itzhak@gmail.com

קרן ירוחם החדשה טלפון 08-6583378
Email: yuval@yeruham.co.il Website: www.yeruham.co.il

עתיד במידבר ע.ר. טלפון 08-6585484
Email: bamidbaroffice@gmail.com Website: www.bamidbar.org

כל ההכנסות תרומה לקרן ירוחם החדשה לקידום החינוך בירוחם ויסייעו לקידום פרויקט "המבשלות של ירוחם"

ירוחם, במדבר, דברים

✳

Flavors & Delights of Yeruham

בתודה ענקית למבשלות היקרות של ירוחם: אסתר דמרי, מסעודה סוויסה, מרים נעים, רבקה אזולאי, שולה עמר,
שפתחו את ליבן ואת ביתן, הציעו בנדיבות טעימות וחלקו איתנו את המתכונים.

A huge thanks to Yeruham's Culinary Queens: Esther Damri, Mas'uda Swissa, Miriam Na'im, Rivka Azulai and Shula Amar,
who opened their hearts and homes, generously offered samples of their delicacies, and shared with us their recipes.

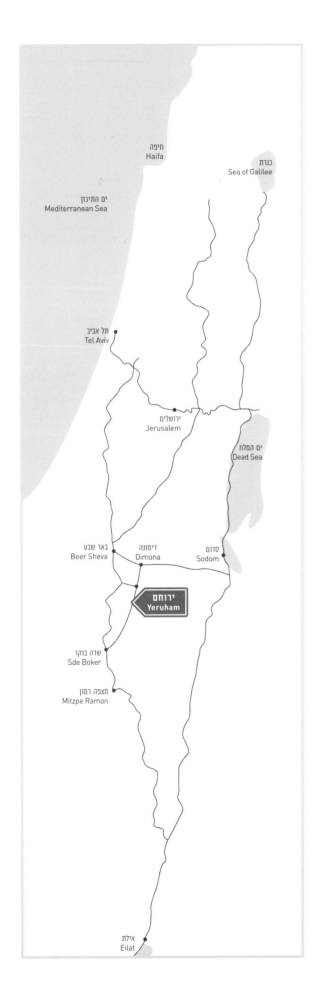

חיפה
Haifa
כנרת
Sea of Galilee
ים התיכון
Mediterranean Sea
תל אביב
Tel Aviv
ירושלים
Jerusalem
ים המלח
Dead Sea
באר שבע
Beer Sheva
דימונה
Dimona
סדום
Sodom
ירוחם
Yeruham
שדה בוקר
Sde Boker
מצפה רמון
Mitzpe Ramon
אילת
Eilat

תודות מעומק הלב:

למר עמרם מצנע על החזון והסיוע בהוצאת הספר, וליובל שפי – מנהל קרן ירוחם החדשה על התמיכה והליווי.

לדבי גולדמן גולן – מנכ"לית עמותת עתיד במידבר, שהגתה, הפעילה, האירה ותרמה מניסיונה המקצועי העצום. ליורם צביק – רכז התוכניות החינוכיות לקבוצות מבקרים של עתיד במידבר, על הליווי הצמוד בכל השלבים והעשרת הידע.

תודה נוספת לרבקה דהן, שיזמה את הפרויקט ,ליעל ארצי, שארוחת הבוקר המדהימה שערכה על שפת האגם הותירה טעם של עוד, לדודו נבון, שתרם להכרת הסביבה, לרבקה רוזנבאום, לניבה סימון, למרב וונשק ולנעמי שמואלי. לסאלימה ולג'ומעה על האירוח באוהל, ליובל לביא ולכפיר הרוש על האירוח במרכז האופניים, ולמרגלית חלמיש ועידית בן חמו, שסייעו בחיוך רחב.

תודה מיוחדת לוועדת ההיגוי של שותפות 2000 ירוחם-מיאמי על ההחלטה לתמוך בפרויקט, לרינה גן – נציגת הפדרציה היהודית של מיאמי בישראל, ולנילי אברהמי – מנהלת שותפות 2000 ירוחם-מיאמי.

We would like to express our heartfelt gratitude to:

Mr. Amram Mitzna for his vision and help in the publication of this book, and Yuval Shefi – Director of the New Yeruham Foundation, for his assistance and support.

To Debbie Goldman Golan – CEO of the Atid Bamidbar Association, who envisioned, promoted, and contributed so much of her wide professional experience. To Yoram Zvik – Atid Bamidbar's Coordinator of Educational Programs for Visiting Groups – for his close and tireless support and knowledgeable accompaniment.

Thanks also to Rivka Dahan, who initiated the project, and to Yael Artzi, whose amazing breakfast by the shores of the Yeruham Lake left everyone wanting more, to Dudu Navon, who contributed his knowledge of the area, to Rivka Rozenbaum, Niva Simon, Meirav Wonshak and Naomi Shmueli. To Salima and Jumah, for their desert hospitality, to Yuval Lavee and Kfir Harush, for their hospitality at the Bike Center, and to Margalit Halamish and Idit Ben-Hamo, who helped with their wide smiles.

A special thanks to the Yeruham-Miami Partnership 2000 Steering Committee for the decision to support the project, to Rena Genn – the Israel representative of the Greater Miami Jewish Federation, and to Nili Avrahamy – Director of the Yeruham-Miami Partnership 2000.

דברים שרואים מפה

המבנה הגיאוגרפי של ירוחם, אקלימה המדברי, הממצאים ההיסטוריים והארכיאולוגיים הקיימים בה, משאבי הטבע שלה, ומעל לכל – עושרה האנושי והתרבותי, מרכיבים ביחד פסיפס צבעוני, מרתק וייחודי.

קרן ירוחם החדשה, הפועלת באמצעות קשריה עם קרנות וגופים תורמים בארץ ובעולם, הוקמה במטרה ליזום, להקים ולנהל בירוחם מפעלים כלכליים, תרבותיים וחברתיים, שיסייעו למצות את הפוטנציאל הרב של העיירה, המתמודדת עם קשיים לא מעטים.

אנחנו מאמינים כי באמצעות תכנון נכון, השקעה ובניית מערך מתקדם של שירותים, תהפוך ירוחם לאתר בילוי מבוקש על מפת התיירות הישראלית. אתר שיציע למבקריו ארוחות כיד המלך, מסלולי רכיבה על אופניים, שייט, דייג, טיולים מודרכים ברגל ועל גבי חמורים, אתר מוסדר ללינת שטח ועוד.

ספר זה נועד לתת ביטוי לנופים האנושיים והגיאוגרפיים המרתקים של ירוחם, אך הוא מהווה בראש ובראשונה הזמנה לבקר ולהתארח בעיירה המיוחדת, לטעום מהתבשילים, לטייל בנופים ולקחת חלק בחוויה המקומית הירוחמית.

עמרם מצנע

The View from Here

Yeruham's geography, desert climate, historical and archeological sites, its natural resources, flora and fauna, and above all, its human and cultural richness and warmth – all create a colorful, fascinating, and unique mosaic.

The New Yeruham Foundation, which operates in conjunction with other foundations and philanthropies in Israel and abroad, was created to initiate, establish and administer cultural and social projects that assist in realizing the full potential of this town, which faces not a few challenges.

We believe that by proper planning, investment and the creation of an advanced array of services, Yeruham will develop into one of Israel's most sought-after tourism hot-spots, one that offers its visitors sumptuous ethnic meals, scenic routes for biking, fishing, boating, guided tours on foot or on donkeys, camping accommodations, and much more.

This book aims to highlight Yeruham's fascinating human and geographical landscapes, but it is first and foremost an invitation to visit and stay in this unique town, to taste its wonderful cuisine, hike among its sites of natural beauty, and take part in the special Yeruham experience.

Amram Mitzna

דברי פתיחה

לאורך כל הדרך, שותפות ירוחם-מיאמי נתנה ביטוי לתחושת המשפחתיות השוררת בין שתי הקהילות שלנו. זו אותה התחושה שמעניקות מלכות המטבח של ירוחם עם כל ארוחה שהן מגישות בבתיהן.

מראשיתה, הבנו שתוכנית המעצימה את הנשים הללו באמצעות פיתוח ושימוש בכישורי הבישול והאירוח שלהן, יכולה להיות אפשרות מצוינת עבורן. עם זאת לא צפינו את השפעתה על אלה שהיתה להם הזכות להתארח בבתיהן וליהנות מבישוליהן. להיות מוזמן לביתה הפרטי של משפחה ולאכול שם כאחד מבני הבית זוהי התנסות מיוחדת במינה. מרתק לא פחות ללמוד על ההיסטוריה המשפחתית של בעלת הבית, כיצד היא הגיעה לחיות בירוחם ובאיזו דרך התפתחה משפחתה יחד עם היישוב.

ספר זה מספק לשותפות שלנו הזדמנות לחלוק התנסות זו עם כלל אנשי הקהילה של ירוחם ושל מיאמי ועם ישראלים ויהודים בישראל ובעולם. לא רק מההיבט הקולינרי שלה, אלא גם מההיבט ההיסטורי והתרבותי.

בתיאבון!

בובי הייגר ואורי ליברטי,

יושבי ראש שותפות ירוחם-מיאמי

פרויקט "המבשלות של ירוחם"

אוכל הוא דבר פרדוקסאלי: בו-זמנית הכי אינטימי והכי חברתי, בסיסי וחיוני לקיומנו הפיזי אך גם רווי משמעויות סמליות. כשאנו אוכלים אנו לא רק מזינים את גופנו אלא גם את נפשנו; דרכו אנו מקיימים ומבטאים קשר בלתי-אמצעי עם העולם והאנשים הסובבים אותנו. אכילה היא חוויה תרבותית מובהקת ומרכיב-עומק בזהותנו, כבני משפחה, בני עדה, בני עם ובני מרחב גיאוגרפי מסוימים. בתרבות היהודית לאוכל מקום מרכזי כאמצעי להעברת מסרים ומורשת, לחבר בין יחידים וקהילה ולבטא אכפתיות וקשר.

לפני למעלה מ-20 שנה, כשהגעתי לירוחם עם משפחתי, נחשפתי לראשונה להכנסת האורחים הנדיבה של תושביה ולמטעמים המקומיים. פגשתי עושר קולינרי, תרבותי ואנושי: אנשים טובים וחמים המגשימים ביום-יום ערכים יהודיים של ערבות הדדית, כבוד לזולת ונאמנות למסורת אבות ואמהות. פרויקט "המבשלות של ירוחם" נולד מתוך הצורך לספק ארוחות לקבוצות הבאות לתוכניות החינוכיות השונות שלנו. אולם ביקשנו לאפשר לבאים לא רק ליהנות מאוכל משובח אלא גם לחוות את הכנסת האורחים הירוחמית, וכך להעניק למבקרים מחו"ל הצצה לחיים של "ישראלים רגילים" ולישראלים מפגש מרגש ומלמד עם "תושבי עיר פיתוח". במקביל, ל"מבשלות" עצמן, מהווה הפרויקט אפיק להשלמת הכנסה, וכן הזדמנות לפגוש מגוון ישראלים ומבקרים מכל העולם. הפרויקט הוא גם אמצעי לשמר ולהציג לראווה את המסורות והסיפורים האישיים והמשפחתיים של תושבי ירוחם.

בתוכניותיה הרבות, עמותת עתיד במידבר עוסקת בחיבורים – בין אנשים מרקעים שונים, ובינם לבין התרבות היהודית לדורותיה והמציאות הישראלית העכשווית על אתגריה. ספר זה יאפשר לקוראיו חיבור מסוג אחר עם תושבי ירוחם, גילוי המשותף והייחודי, וטעימה בזעיר אנפין מהחוויה המעשירה והבלתי-נשכחת שנכונה לאורחים של "המבשלות של ירוחם".

תודה ליורם צביק, המרכז ומפתח את הפרויקט במסירות ובנחישות, ולחברי הצוות של עתיד במידבר המלווים קבוצות למבשלות.

דבי גולדמן גולן,

מנהלת עמותת עתיד במידבר ע. ר.

Opening remarks

From the beginning, the Miami-Yeruham Partnership has expressed the sense of family that exists between our two communities. Yeruham's Culinary Queens have fostered this feeling with every meal that they have served in their homes. From the beginning, we recognized that the project empowering these women by using and developing their culinary skills, provided a wonderful opportunity. What we didn't foresee was the tremendous impact on those who had the privilege of being hosted and enjoying a meal in their homes. To be invited into a private home, and eat a meal there as if you were a member of the family, is a unique experience. It is no less fascinating to learn about your hostess' family history, how she came to live in Yeruham, and how she and her family have grown with the town.

This book provides our Partnership with an opportunity to share this experience with the communities of Yeruham and Miami, and with Israelis and Jews around the world, not only from a culinary perspective but from a historical and cultural perspective as well.

Bon Appetit !

Bobbie Higer and Ouri Liberti
Co-Chairs, Miami-Yeruham Partnership

The "Culinary Queens of Yeruham" Project

Food is a paradoxical thing: simultaneously the most intimate and the most social, essential for our physical survival but at the same time infused with symbolic meanings. When we eat, we nourish not only our bodies but our souls, and through it we express and maintain an unmediated relationship with the world and the people around us. Eating is a paramount cultural experience and a fundamental building block of our identity as members of a particular family, ethnic group, nation, and geographical space. In Jewish culture food plays a central role in transmitting our heritage, connecting individuals and community, expressing caring and solidarity. Yeruham is blessed with the human, cultural and culinary richness of warm and wonderful people, who in their daily lives fulfill basic Jewish values of hospitality, mutual responsibility, respect for fellow humans, and faithfulness to tradition. The "Culinary Queens of Yeruham" Project arose from our need to provide meals for visiting groups who come to our educational programs. However, we sought to provide not only delicious food but an enriching human encounter, giving visitors from abroad insight into the lives of 'regular Israelis' and offering Israelis a moving and illuminating meeting with residents of a 'development town'. For the local "Culinary Queens", the project provides welcome added income and an opportunity to meet a variety of Israelis and people from all over the world, while preserving and showcasing ethnic and family traditions and stories. In its many programs, Atid Bamidbar (lit. "the future is in the desert") creates connections – bringing together people from different backgrounds, and connecting them with Jewish culture through the ages and with the challenging realities of Israel today, in creative ways. This book will enable its readers to connect with the people of Yeruham, to discover what is unique and what is shared, and to taste just a bit of the unforgettable, heartwarming hospitality and talents of Yeruham's Culinary Queens.

Debbie Goldman Golan
Director, Atid Bamidbar R.A.

פסל הזהות

הפסל ממוקם בכניסה ליישוב, סמוך למתחם בו היו קיימים בעבר מעברת עולים ומחנה צבאי, שחייליו אבטחו בין היתר את הדרך לאילת שעברה בירוחם. הפסל, הנראה היטב גם ממרחק רב, עשוי משני ניצבי בטון שגובהם 20 מטר. פסל הזהות של ירוחם, שניתן להשקיף ממנו אל השכונות החדשות ואל הפארק, עוצב על ידי הפסל עזרא אוריון המתמחה בפיסול מדברי.

THE STATUE OF IDENTITY

The Statue is located at the entrance to Yeruham, near the site of the Tel-Yeruham Ma'abara (transit camp for new immigrants) from which modern Yeruham grew. Here stood the army base whose soldiers guarded the buses on the road to Eilat in those long-gone days when that road passed through the town.

The Statue of Identity, which can be seen for miles around, is made of two towering cement pillars - each one measuring twenty meters in height. It was designed by the sculptor Ezra Orion, who specializes in desert sculpture.

ברכת האורח

הרחמן הוא יברך את השולחן הזה שאכלנו עליו ויסדר בו כל מעדני עולם, ויהיה כשולחנו של אברהם אבינו
כל רעב ממנו יאכל וכל צמא ממנו ישתה, ואל יחסר ממנו כל טוב לעד ולעולמי עולמים, אמן.
הרחמן הוא יברך את בעל הבית הזה ובעל הסעודה הזאת, הוא ובניו ואשתו ואשר לו, בבנים שיחיו ובנכסים שירבו.
ברך יהוה חילו ופעל ידיו תרצה. ויהיו נכסיו ונכסינו מוצלחים וקרובים לעיר,
ואל יזדקק לפניו ולא לפני שום דבר חטא והרהור עון, שש ושמח כל הימים, בעושר ובכבוד, מעתה ועד עולם.
לא יבוש בעולם הזה ולא יכלם לעולם הבא. אמן כן יהי רצון.

The Guest's Blessing

The Benevolent One will bless the table from which we have eaten and place upon it the delicacies of the world and make it
as though it were the table of Abraham our Father,
from which all who are hungry may eat and all who are thirsty may drink. And let it not lack all that is good for ever, Amen.
The Benevolent one will bless the owner of this house and the master of this meal, him and his children and his wife and all
that is his, with children that will live and belongings that will multiply.
God bless his valor and satisfy the work of his hands.
And may his dealings and ours be successful and close to the city, and may he not want, nor be crossed by sin or iniquity.
May he be joyous and glad all of his days, in richness and in honor, from now and forever.
May he not be ashamed in this world nor abashed in the next. Amen, may this be His will.

Contents

"כשסבתא באה לבקר, היא
בדקה את כל הארונות
ואמרה: 'כמה בגדים! כמה
נעליים! תהיי חסכונית
ומסודרת שבעלך לא יצטרך
לעבוד קשה והכסף יזרום
כמו גשם. במקום להשקיע
בשטויות, תשקיעי בבעלך
שמביא פרנסה הביתה'".

"When grandmother came
to visit, she examined all
the cupboards and said,
'How many clothes and
shoes! You need to learn to
save so your husband won't
have to work so hard and
the money will flow like
rain. Instead of investing in
worthless things, invest in
your husband who brings
home the salary'."

Esther Damri

Born in Casablanca, Morocco in 1952
Immigrated to Israel in 1963

"We came on Aliya to Israel, the whole family at once- nine brothers and sisters. My grandmother had been living here since 1948, and our contact with her was by mail through relatives in France.

"In Morocco we lived in a good neighborhood amongst the Arabs. My father worked as an orthopedic shoe-maker, and he was in great demand. Everyone knew and respected my mother. Our Arab neighbor used to point at me and tell my father, 'this one will marry my son one day.' And my father, with a heavy heart, would answer, 'God willing.' But he decided that we must immigrate to Israel. Our relations were so good that father was uncomfortable about telling them we were going to go to Israel, so he told them we were moving to a larger apartment. This also made it easier to sell some of the furniture we had.

"The journey to Israel was long and hard. We left at night, first by boat from Casablanca to the south of France. I became very ill, and father picked me up and laid me down in a bunk. Two crew members looked at me, and one said to the other, 'Pay attention to the girl, if she dies, we throw her into the sea.' My father, who understood French, was so scared that he didn't move from my side until we got to France.

"In France, we stayed for a month and a half in a town near Marseilles, in a building that had been used by the Nazis during the war. My father, who spoke several languages, was asked to help organize our group. The food wasn't kosher, so he purchased food in the market and my mother cooked."

אסתר דמרי

נולדה בקזבלנקה, מרוקו, בשנת 1952
עלתה לישראל בשנת 1963

״הגענו לארץ כל המשפחה, תשעה אחים ואחיות. סבתא כבר גרה כאן בשפרעם משנת 1948. הקשר שלנו איתה התנהל במכתבים שנשלחו ממרוקו לישראל דרך קרובי המשפחה שלנו בצרפת.

״במרוקו חיינו בשכנות טובה מאוד עם הערבים. אבא עבד כסנדלר אורתופד והיה מאוד מבוקש, ואת אמא כולם אהבו וכיבדו. השכן הערבי נהג להצביע עליי ולומר לאבא: ׳זאת תתחתן עם הבן שלי׳, ואבא, עם מועקה בלב, היה עונה: ׳אם אלוהים ירצה׳, אבל החליט שחייבים לעלות לישראל. היחסים שלנו עם השכנים היו כל כך טובים, שלאבא לא היה נעים לומר להם שאנחנו עולים לישראל, אז הוא סיפר שאנחנו עוברים לדירה גדולה יותר, וכך גם הצליח למכור כמה מהרהיטים שהיו לנו בבית.

״הדרך לארץ היתה קשה וארוכה. יצאנו בלילה. תחילה באנייה מקזבלנקה לצרפת. אני חליתי מאוד. אבא הרים אותי על הידיים והשכיב אותי על דרגש. שני אנשי צוות שעמדו שם הביטו בי, ואחד אמר לשני: ׳תשים לב לילדה, אם היא תמות תזרוק אותה לים׳. אבא, שהבין צרפתית, כל כך נבהל, שהוא לא זז ממני עד שהגענו לצרפת.

״בצרפת שיכנו אותנו למשך חודש וחצי בעיירה לא רחוקה ממרסיי, בבניין ששימש במלחמה את הנאצים. אבא, שידע שפות, התבקש לעזור בארגון הקבוצה שלנו. האוכל שהציעו לנו שם לא היה כשר, אז אבא קנה מצרכים בשוק ואמא בישלה.

״מצרפת הטיסו אותנו לארץ במטוס, בזכות אמא שהיתה בהריון. המשפחות האחרות שיצאו איתנו הגיעו לישראל באנייה. כשהגענו לארץ, אבא ביקש שישלחו אותנו לעכו או לחיפה כדי להיות קרובים לסבתא ולאחיו שכבר היו כאן. אמרו לו ׳אין בעיה׳, אבל העלו אותנו על אוטובוס

"From there, we flew to Israel in an airplane, thanks to my mother being pregnant; the other families had to go by boat. When we arrived, Father asked that we be sent to Acre or Haifa, so that we could be close to Grandmother and his brothers. 'No problem,' they told him, but they put us on a bus to Yeruham. When he realized that we had been taken to Yeruham, he was insulted. He couldn't believe that Jews in Israel could tell a lie. His brother rented a van to take us back to Acre, but Grandmother said maybe it was better that not everyone be together - that sometimes distance makes the heart fonder. So we stayed in Yeruham.

"In retrospect, I'm glad that it happened this way. It was here that I met Victor, with whom I got married in the late 1970s, and it was here where we had a family and raised our children, may they always be healthy. I worked here as a caretaker for the elderly, and I received an award as Outstanding Employee of the entire Negev region.

"When I got married, I didn't know how to cook at all. Poor Victor suffered in silence, until one day Grandmother came to visit. Like all grandmothers, she started poking around the pots and saw I was cooking a chicken in water. She explained that this was no way to cook. From her I learned how to make three different dishes from one pot of soup. From then, I didn't stop - Moroccan food, Tunisian, Israeli… anything anyone wanted.

"The people in Yeruham are warm and hospitable. When soldiers were brought to Yeruham, people used to stand in line to have a solider come for Shabbat. They would argue among themselves, each one claiming 'It's my turn!

"A few years ago, I visited my family in Acre. Neighbors there don't know one another. Here, neighbors take care of each other, we drink coffee together. I make her bread and she makes me cakes. When I have guests, she comes to help. We're all one family."

לירוחם. אבא ירד מהאוטובוס והצדיע לאות תודה. כשהבין שהגענו לירוחם, אבא נפגע מאוד כי לא האמין שבארץ ישראל משקרים. אחיו שכר טנדר והגיע לקחת אותנו לעכו, אבל סבתא אמרה שזה לא תמיד טוב כשהאחים והאחיות יחד – לפעמים הרחוק קרוב יותר ללב, ושכנעה אותנו להישאר בירוחם.

"בדיעבד אני שמחה שכך היה. כאן הכרתי את ויקטור, איתו התחתנתי בסוף שנות ה-70, כאן הקמנו משפחה וגידלנו את ילדינו, שיהיו בריאים. כאן עבדתי בטיפול בקשישים, הייתי העובדת המצטיינת של כל אזור הנגב.

"כשהתחתנתי, לא ידעתי לבשל בכלל. ויקטור, מסכן, סבל בשקט, עד שיום אחד סבתא שלי באה לבקר, וכמו כל סבתא התחילה לחטט לי בסירים. כשהיא ראתה שבסיר יש חתיכת עוף מבושלת במים, היא הסבירה לי שזה לא נקרא לבשל, והראתה לי איך מבשלים. ממנה למדתי גם איך להוציא מסיר מרק אחד שלושה תבשילים שונים ולשדרג את האוכל. מאז אני לא מפסיקה לבשל – מרוקאי, תוניסאי, ישראלי – מה שרוצים לאכול, אני יודעת לבשל.

"האנשים בירוחם חמים ומכניסי אורחים. כשהיו מביאים לכאן חיילים לאירוח, אנשים עמדו בתור לקבל חייל לשבת ורבו ביניהם: 'זה התור שלי', כי כולם רצו לארח את החיילים.

"לפני כמה שנים נסעתי למשפחה שלנו בעכו. שכנים מאותו בניין לא מכירים שם אחד את השני. כאן אני והשכנה דואגות אחת לשנייה, שותות כוס קפה יחד. אני אופה לה לחם, היא אופה לי עוגות. כשיש לי אורחים – היא באה לעזור לי, לשטוף כלים. באירוע גדול כולם תמיד עוזרים ומשתתפים. כולנו משפחה פה".

✳

גמבה משומרת
Preserved Sweet Red Peppers

8-10 גמבות
1 כפית מלח
⅓ כוס שמן לטיגון
1¼ כפית מלח
¼ כפית פלפל
1 כפית שום כתוש
שמן קנולה לשימור

1. צולים וחורכים את הגמבות השלמות על להבת הכיריים מכל צד, עד שהן מתרככות ומשחירות.

2. מכניסים את הגמבות הצלויות בעודן חמות לשקית ניילון וסוגרים ל-15 דקות כדי שהאדים ירככו את הקליפות. מוציאים ומקלפים.

3. חוצים את הגמבות, מנקים מתוכן את הגרעינים ומסירים את הגבעולים. מניחים במסננת למשך כשעה כדי להיפטר מהנוזלים.

4. מפזרים על הגמבות כפית מלח ומטגנים בשמן עד להשחמה.
מסירים מהאש, מוציאים מהשמן ומניחים להתקרר.

5. מכניסים לצנצנת זכוכית, מוסיפים את ¼ כפית המלח הנותרת, פלפל ושום כתוש. יוצקים מעל הגמבות שמן קנולה עד לכיסוי, סוגרים הרמטית ומכניסים למקרר.

* הגמבות נשמרות במקרר עד חודש ימים.

✻

כדי לחסוך את ניקוי הכיריים משיירי הצלייה, כדאי לרפד את הכיריים בנייר אלומיניום לפני הצלייה ולהסיר אותו אחריה. אפשר לחרוך את הגמבות גם בגריל של התנור, אבל התוצאה חסרה מעט מהטעם המעושן.

לימונים כבושים
Pickled Lemons

לאסתר יש תמיד לפחות צנצנת קטנה אחת של לימונים כבושים, המחוללים נפלאות בטעמיהם של הרבה מאוד תבשילים, סלטים ואפילו כריכים.

10 לימונים
מלח גס

1. שוטפים את הלימונים היטב במים ובסבון ומנגבים.

2. חותכים את הלימונים (עם הקליפה) לפרוסות ומוציאים את הגרעינים.

3. טובלים כל פרוסת לימון משני צדיה בצלחת עם מעט מלח גס ומעבירים לצנצנת זכוכית.

4. סוגרים את הצנצנת היטב ומניחים על השיש ליד חלון (כדי שיגיע לצנצנת אור השמש) למשך שבוע. פעמיים ביום הופכים ומנערים מעט את הצנצנת כדי לערבב את הלימונים.

5. כעבור שבוע טוחנים הכל במטחנת בשר (אפשר גם במעבד מזון, אך חשוב להקפיד שלא יישארו חתיכות גסות). מחזירים לצנצנת.

* הלימונים הכבושים נשמרים במקרר עד חודש ימים.

✻

אוהבי החריף יכולים להוסיף לצנצנת הלימונים 3 פלפלים חריפים קטנים ושלמים מזן סודנייה, או 4-5 כדורי פלפל אנגלי שלמים. מערבבים, מוסיפים מעט שמן זית מעל, סוגרים הרמטית ומכניסים למקרר.

עריסה (סְחָקָה)

Arissa

250 גרם פלפלים אדומים מיובשים
1 ראש שום, מופרד לשיניים מקולפות
1 חופן פלפל סודניה (לאוהבי חריף)
¼ בקבוק מיץ לימון
1 כף כמון
1 כף מלח
1 כף חומץ

1. מסירים מהפלפלים את הגבעולים והגרעינים
ושוטפים במים.

2. מניחים בקערה את הפלפלים השטופים.
מוזגים מעליהם מים רותחים עד לכיסוי כדי שיתרככו.
כשהפלפלים שוקעים לתחתית הקערה, מסננים, שוטפים
במים קרים ומצננים.

3. מעבירים את הפלפלים למעבד מזון. מוסיפים את השום
והסודניה וטוחנים לעיסה חלקה.

4. מוסיפים את מיץ הלימון והתבלינים וממשיכים לעבד
לתערובת רכה.

5. מעבירים לצנצנות מעוקרות וסגורות היטב.

* ניתן לשמור במקרר כחודש ימים או במקפיא
עד 3 חודשים.

✳

אם העריסה יצאה חריפה מדי, ניתן לדלל את החריפות עם
מעט שמן.

פלפלים ירוקים חריפים

Hot Green Peppers

6-8 פלפלים ירוקים חריפים (רצוי עם הקליפה הרכה)
1 לימון
1 כף מלח גס
מיץ לימון

1. שוטפים את הפלפלים, מסירים את הגבעולים
וחוצים כל פלפל לאורכו.

2. מקלפים את הלימון וחותכים לקוביות קטנות. מעבירים
את הפלפלים וקוביות הלימון לקערה ומפזרים מעל מלח גס.

3. מניחים את הלימון והפלפלים על מסננת מעל קערה
בטמפרטורת החדר ל-12 שעות כדי שהנוזלים יטפטפו
לקערה. מדי פעם מנערים את המסננת.

4. מעבירים את הפלפלים והלימונים לצנצנת. יוצקים עד חצי
מגובה הצנצנת את הנוזלים מהקערה ומוסיפים כמות זהה
של מיץ לימון. סוגרים הרמטית, מנערים ומעבירים למקרר.

* הפלפלים נשמרים במקרר עד חודש.

פלפלים חריפים מיובשים Dried Hot Peppers

1 ק"ג פלפלים אדומים חריפים
מעט מלח גס
½ כוס שמן זית

1. חורכים את הפלפלים על הגז, עד שהם מתרככים ומשחירים.

2. מכניסים את הפלפלים בעודם חמים לשקית ניילון וסוגרים ל-15 דקות כדי שהאדים ירככו את הקליפה. מוציאים ומקלפים בזהירות.

3. חוצים את הפלפלים ומנקים מהם את הגרעינים. מניחים במסננת למשך כשעה כדי להיפטר מהנוזלים.

4. מניחים את הפלפלים בתבנית, מתבלים במלח גס.
יוצקים מעל שמן זית ומכניסים לתנור בחום של 160 מעלות.
מדי פעם מערבבים והופכים את הפלפלים.
צולים כשעה עד שהפלפלים יבשים, דקים ומכווצים.
מניחים להתקרר בטמפרטורת החדר.

5. מעבירים לצנצנת זכוכית. יוצקים מעל שמן זית עד לכיסוי.
סוגרים הרמטית ומכניסים למקרר.

* הפלפלים נשמרים במקרר מעל חודש.

מכיוון שהחריפות של הפלפלים נדבקת לידיים, מומלץ לעשות את כל שלבי הטיפול בפלפלים עם כפפות מנתחים דקות, שאפשר להסיר ולזרוק בתום השימוש.

מרק קוסקוס תוניסאי

Tunisian Couscous Soup

אפשר להפוך את המרק בקלות למרק קוסקוס אדום, אם מוסיפים לירקות במהלך הבישול 3 כפות גדושות של רסק עגבניות וכף פפריקה אדומה או חריפה לפי הטעם.

{ 10 מנות }

1 ק"ג סולת
½ כוס שמן
1 כף מלח
2 גזרים קטנים
½ כרוב בינוני
3 בצלים
חתיכה קטנה של דלעת
1 דלורית קטנה
3 קישואים
½ חבילת כוסברה קצוצה
4-6 נתחי עוף (אפשר גם גרונות)
2 עלי סלק ירוק (מנגולד)

הקוסקוס

1. שופכים את הסולת לקערה, מוסיפים בהדרגה 2½ כוסות מים ומרטיבים תוך ערבוב את כל הסולת. מוסיפים את השמן. אם הסולת יבשה, מוסיפים מעט מים לפי הצורך. מערבבים ומפרידים את הסולת בידיים לגרגרים.

2. מעבירים את הסולת דרך נפה בתנועות ידיים סיבוביות לקערה נפרדת. מנפים את הסולת לגרגרים דקים ללא גושים.

3. יוצקים מים לסיר האידוי (התחתון) עד מחציתו ומביאים לרתיחה. כשהמים רותחים, מניחים מעל את חלקו העליון והמחורר של סיר האידוי, שופכים אליו את הסולת המנופה, מכסים במכסה ומבשלים כשעה על אש גבוהה.

4. מעבירים את הקוסקוס לקערה, מוסיפים את המלח עם 2 כוסות מים נוספות, ומפרידים את הקוסקוס בידיים לגרגרים. מעבירים דרך הנפה לקערה שנייה ומחזירים לסיר האידוי מעל סיר המים.

5. מרתיחים שוב את המים שבסיר. מכסים במכסה את סיר האידוי ומבשלים 30-45 דקות נוספות. מסירים מהאש ומעבירים לקערה.

* ניתן להקפיא חלק מהקוסקוס המוכן לעת הצורך.

המרק

1. מקלפים וחותכים לחתיכות גסות את הגזרים ואת הכרוב. פורסים את הבצלים לפרוסות, חותכים את הדלעת, הדלורית והקישואים לחתיכות גסות. קוצצים דק את הכוסברה.

2. מחממים שמן בסיר, מוסיפים את הגזרים, הכרוב והבצלים ומאדים אותם למשך 7-8 דקות בסיר מכוסה על אש בינונית. בוחשים או מנערים את הסיר כדי שכל חלקי הירקות יבואו במגע עם השמן.

3. מוסיפים מים עד לכיסוי הירקות ומביאים לרתיחה. כשהמים רותחים, מניחים מעל הסיר את סיר הקוסקוס העליון המחורר, מכסים ומבשלים כ-20 דקות על אש גבוהה.

4. מוסיפים לסיר התחתון את נתחי העוף, מביאים שוב לרתיחה.

5. מוסיפים לסיר את הירקות הרכים - עלי הסלק, הדלעת, הדלורית, הקישואים והכוסברה.

6. מניחים מעל את סיר הקוסקוס לבישול נוסף למשך כ-15-20 דקות על אש בינונית. מסירים מהאש ומעבירים את הקוסקוס לקערה.

מרק חומוס

Chickpea Soup

1 חבילה קטנה גרגרי חומוס (400 גרם)
½ כפית אבקת אפייה (או סודה לשתייה)
חתיכת דלעת קטנה
2 בצלים
1 שורש סלרי
1-2 גבעולי סלרי
½ צרור כוסברה
2-3 כפות שמן (לא חובה)
1 כף אבקת מרק עוף
½ כפית מלח
½ כפית פלפל

1. משרים את החומוס למשך כל הלילה עם מים קרים. מסננים את החומוס, מעבירים לסיר עם מים עד לכיסוי, מוסיפים את אבקת האפייה ומביאים לרתיחה. מכבים את האש ומניחים להתקרר.

2. כשהמים נעשים פושרים, מכניסים את הידיים לסיר ומשפשפים את גרגרי החומוס בין הידיים כדי להסיר את הקליפות. שוטפים ומחליפים מים כמה פעמים במשך התהליך עד שכל הגרגרים מקולפים ונקיים.

3. מעבירים את גרגרי החומוס לסיר לחץ. חותכים את הדלעת לחתיכות גסות ומוסיפים לסיר. חותכים את הבצלים, השורש, גבעולי הסלרי והכוסברה ומוסיפים לסיר.

4. מוסיפים לסיר את השמן, מתבלים באבקת מרק עוף, במלח ובפלפל ומוסיפים מים עד לכיסוי החומוס והירקות. סוגרים את הסיר, מביאים לרתיחה ומבשלים על אש גבוהה כ-30 דקות.

5. פותחים בזהירות את המכסה תוך שחרור האדים. מוודאים שהחומוס רך ומתפרק.

6. מוציאים מהסיר כ-2 כוסות גרגרים ומניחים בצד. טוחנים את המרק במוט ידני או במעבד מזון, ומוסיפים את הגרגרים השלמים למרק.

*

אפשר להפוך את המרק לארוחה קטנה בפני עצמה ולהוסיף לו עצמות ונתחי עוף מבושלים.

תבשיל בשר עם פטריות כמהין (טרפש), או עם ערמונים

Meat, Truffles and Chestnut Casserole

1½-1 ק"ג בשר מס' 6 (כתף או פילה מדומה טרי או קפוא ומופשר)
1 גזר בינוני
1 בצל
3 ענפי סלרי עם העלים
כמה גרגרי פלפל אנגלי שלמים, לפי הטעם
1 כפית כורכום
3-4 עלי דפנה
½ צרור כוסברה
מלח
פלפל לבן

לרוטב:
1 בצל חתוך גס
¼ כפית כורכום
½ כפית אבקת מרק פטריות (לא חובה)
מלח
פלפל
1 קופסת פטריות כמהין (להשיג במחלקת השימורים ברשתות השיווק) או 1-2 חבילות ערמונים מקולפים וחתוכים לרבעים (להשיג במחלקת הקפואים)
מעט כוסברה לקישוט

1. מכניסים לסיר את הבשר, הגזר, הבצל, הסלרי והתבלינים. מוסיפים מים עד לכיסוי ומבשלים על אש גבוהה כ-30 דקות עד שהבשר מתרכך. נועצים בבשר סכין ומוודאים שהוא לא רך או קשה מדי.

2. מוציאים את הבשר מהסיר ומכניסים למקרר למשך הלילה. את הנוזלים מסננים ומכניסים לצנצנת. מצננים במקרר למשך הלילה. את הירקות אפשר לטחון ולהוסיף למחרת לתבשיל.

3. למחרת מטגנים בסיר רחב את הבצל עד להזהבה. פורסים את הבשר לפרוסות בעובי 1½ ס"מ ומניחים מעל הבצל. מוסיפים את נוזלי הבישול עד גובה הבשר (אם חסרים נוזלים, מוסיפים מים) ומביאים לרתיחה. מנמיכים לאש בינונית ומבשלים עד שהמים מצטמצמים והרוטב מסמיך. אם הרוטב מיימי מדי, מערבבים ½ כפית קמח או ½ כפית מרק פטריות עם ½ כוס מים. מוסיפים לסיר ומביאים לרתיחה תוך כדי בחישה.

4. כשהבשר מוכן, מוסיפים את פטריות הכמהין או הערמונים ומערבבים היטב למיזוג טעמים.

מאכלי קדירה המכילים ארוחה שלמה ומשביעה בסיר אחד, זוכים לפופולריות רבה בחג הסוכות, בעיקר בזכות הקלות היחסית לטלטל אותם לסוכה.

Casseroles containing an entire, satisfying meal, all in one pot, are especially popular during Succot (The Feast of Tabernacles), since they are easily transported into the Succah.

טביח

Tabich

טביח (או טביחה) הוא שם כללי למאכלי בשר. אסתר אוהבת שינויים והפתעות ונוהגת להוסיף בכל פעם לסיר הטביח משהו חדש: קישואים ממולאים, חצילים ממולאים, קציצות בשר ועוד, הסופגים את טעמי יתר המרכיבים ומעשירים אותם. חובבי הירקות יכולים להוסיף לסיר כמות גדולה יותר של תפוחי אדמה, אפונה, קישואים או גזר.

{ 10 מנות }

6 נתחי בשר עגל
½ כוס שמן
4 בצלים בינוניים
2 כפות רסק עגבניות
½ כפית מלח
1 כף פפריקה מתוקה
½ כפית פלפל שחור או לבן
6 נתחי עוף
2 תפוחי אדמה בינוניים
חופן פטרוזיליה קצוצה

1. מכניסים את בשר העגל לסיר לחץ ומכסים במים. מבשלים כ-30 דקות, עד שהבשר מבושל היטב ורך.

2. בסיר רחב מטגנים בשמן את הבצלים עד להזהבה. מוסיפים את רסק העגבניות והתבלינים ומערבבים.

3. מוסיפים את נתחי העוף. מוסיפים מים עד חצי מגובה העוף ומביאים לרתיחה. מבשלים על אש נמוכה בסיר מכוסה עד שהעוף מבושל ורך. בסוף הבישול מסירים את המכסה ומצמצמים לרוטב סמיך.

4. מקלפים את תפוחי האדמה, חותכים לרבעים לאורכם ומוסיפים לסיר. מוסיפים לסיר את נתחי הבשר המבושלים ומבשלים עד שתפוחי האדמה רכים.

להגשה: מפזרים מעל את הפטרוזיליה הקצוצה.

"אצלי אין מתכון קבוע בארוחת השבת כי אני אוהבת לגוון, אבל בשר תמיד יש – כי זה מה שבעלי אוהב. המומחיות שלי היא פסטלים, ממולאים, קציצות בשר, קציצות דגים וסלטים".

"I don't have a fixed menu for Friday nights. I like to vary. But there's always meat, because that's what my husband likes. My specialty is pastilles, stuffed dishes, meat patties, fish patties and salads."

עוגיות תמרים

Date Cookies

אפשר וכדאי להשתמש בבצק הנפלא הזה גם להכנת אוזני המן

{ כ-40 עוגיות }

200 גרם מרגרינה לאפייה, או חמאה
½ כוס שמן
½ כוס מיץ תפוזים
3½ כוסות קמח (500 גרם)
¼ כוס סוכר
1 שקיק אבקת אפייה
1 שקיק סוכר וניל

למילוי:
כ-500 גרם ממרח תמרים (להשיג בקופסה על מדפי הממרחים ברשתות השיווק)
100 גרם אגוזים או בוטנים טחונים גס

לקישוט:
אבקת סוכר

1. בקערה קטנה ממיסים את המרגרינה. מוסיפים את השמן ואת מיץ התפוזים ומערבבים היטב עד לקבלת תערובת נוזלית.

2. בקערה נפרדת מערבבים היטב את החומרים היבשים: הקמח, הסוכר, אבקת האפייה וסוכר הווניל. מוסיפים את התערובת הנוזלית לחומרים היבשים ולשים הכל יחד לבצק. מניחים לתפוח כ-10 דקות.

3. קורצים מהבצק 3 כדורים. מרדדים כל כדור למשטח בצק בעובי של 1 ס"מ.

4. מורחים שכבה של ממרח תמרים על הבצק, מפזרים מעל אגוזים טחונים. מגלגלים לרולדה. מסירים את הקצוות, פורסים לפרוסות בעובי של כ-2 ס"מ.

5. מרפדים תבנית בנייר אפייה ומניחים את פרוסות הרולדה במרחקים שווים שיאפשרו תפיחה. אופים כ-20 דקות בתנור שחומם מראש ל-180-200 מעלות.

6. מקררים ומפזרים מעל אבקת סוכר.
מאחסנים בקופסה אטומה.

*

לא אוהבים תמרים? ניתן למלא את הרולדות הללו בכל ריבה ביתית לאחר שטוחנים אותה במעבד מזון למחית חלקה. אפשר גם למלא אותן בשוקולד למריחה או בחלבה.

of water. Separate the couscous into grains using your fingers. Sift again and return to upper steaming pot.

5. Cover and cook for a further 30-45 minutes. Remove from heat and place in bowl.

* Some of the couscous may be frozen for future use.

Soup

1. Peel and cut carrots and cabbage into chunks. Slice the onions, cut the pumpkin, the squash and the zucchinis. Chop the coriander finely.

2. Heat the oil in a pot, add the carrots, cabbage and onions, steaming them for 7-8 minutes in a covered pot on a medium flame. Mix and shake the pot so that all surfaces of the vegetables will be covered with oil.

3. Cover vegetables with water and bring to a boil. Place upper steaming pot over the boiling vegetables and steam for 20 minutes on a high flame.

4. Add the chicken pieces to the bottom pot with the water and vegetables, and bring to a boil.

5. Add the soft vegetables - the chard, pumpkin, squash, zucchini and coriander.

6. Place the upper pot with the couscous on top and cook for an additional 15-20 minutes on a medium flame.
Remove from flame and transfer couscous to bowl.

DATE COOKIES
{ Makes about 40 }

200g margarine or butter
½ cup oil
½ cup orange juice
3½ cups flour (500g)
¼ cup sugar
1 packet (10g) baking powder
1 packet (10g) vanilla sugar

Filling
500g date spread
100g coarsely grated walnuts or peanuts

Decoration
Powdered sugar

1. Melt the margarine in a small bowl. Add the oil and orange juice, and mix well until attaining a fluid mixture.

2. In a separate bowl, mix well the dry ingredients: flour, sugar, baking powder and vanilla. Add the liquid mixture to the dry ingredients and work into a dough. Set aside to rise for about 10 minutes.

3. Divide the dough into 3 equal balls. Roll each ball out to a width of 1 cm.

4. Smear date spread over the dough and spread grated nuts on top.
Roll up each into a jelly-roll, snip off the uneven edges and slice into 2 cm thick slices.

5. Spread slices evenly on a paper-lined baking dish and bake for 20 minutes in an oven preheated to 180-200°C. Let cool, then sprinkle with powdered sugar.
Store in a sealed box.

If you do not like or cannot obtain date spread, you can fill the rolls with any kind of smooth jam, chocolate or even halva spread.

PICKLED LEMONS

10 lemons
Coarse (Kosher) salt

1. Rinse the lemons well in water and soap, then dry.

2. Slice the lemons (with their peels) and de-pit.

3. Coat each slice on both sides with some salt and place in a glass jar.

4. Close the jar firmly and place near a window (exposing to sunlight) for a week. Turn the jar over twice a day to mix the contents.

5. After a week, grind in a meat-grinder (or a blender - the main thing is to ensure there are no coarse lumps) and return to jar.

* Pickled lemons can be kept refrigerated for up to a month.

Those with spicy palates can add 3 small Sudanese chili peppers or 4-5 whole corns of allspice. Then mix, spread some olive oil on top and close the jar hermetically. Place in refrigerator.

Esther always keeps a small jar of pickled lemons on hand in the kitchen. They do wonders for any number of cooked dishes, salads, even in sandwiches.

ARISSA (SEKHEYKA)

250g dry red peppers
1 head garlic, separated into cloves & peeled
Cayenne pepper according to taste (for those who like it hot!)
250g (¼ bottle) lemon juice
1 tbs cumin
1 tbs salt
1 tbs vinegar

1. Wash peppers after removing stems & seeds.

2. Place washed peppers in a bowl and soak in boiling water until soft. Once they have sunk to the bottom of the dish, strain and rinse in cold water.

3. Transfer peppers to food processor. Add garlic & Sudanese Pepper, then blend into a smooth mixture.

4. Add the lemon juice and spices, and continue blending to a soft paste.

5. Transfer to sterilized jars and seal well.

* These may be kept refrigerated for a month or in the freezer for up to 3 months.

If the arissa is too spicy, it can be tempered by adding a bit of olive oil.

TUNISIAN COUSCOUS SOUP
{ Feeds 10 }

1 kg semolina
½ cup oil
1 tbs salt
2 small carrots
¼ medium cabbage
3 onions
4-6 pieces of chicken (necks possible)
2 leaves chard
Small piece of pumpkin
1 small butternut squash
3 zucchinis
½ packet chopped coriander

Couscous

1. Place the semolina in a bowl and gradually add 2½ cups water, pouring evenly over all of the semolina while mixing. Add the oil. If still a bit dry, add some more water. Mix and separate the lumps with your fingers.

2. Sift semolina through a sieve (using circular hand motions) into a separate bowl. Sift into small particles.

3. Fill half of the bottom of a double tiered steaming pot with water and bring to a boil. Then place the upper (perforated) pot on top, filling the top pot with the semolina. Cover and cook over a high flame for an hour.

4. Transfer the couscous into a bowl, add the salt and 2 additional glasses

אגם באמצע המדבר

פארק ירוחם הוא נווה מדבר מעשה ידי אדם, שבמרכזו האגם השני בגודלו במדינת ישראל, אחרי הכנרת. בפארק צמחייה מדברית שופעת, עצים המספקים צל בשפע ושולחנות פיקניק. השילוב בין העצים, המים, בעלי החיים והאור המדברי, בעיקר בשעות המוקדמות של הבוקר ובשעות בין הערביים, הופך את המקום לפסטורלי במיוחד. היער ניטע על ידי קק"ל בשנות החמישים באמצעות תושבי ירוחם. מינהלת המים, שסכרה את יובל נחל רביבים במסגרת פרויקט לאיגום שיטפונות, יצרה את האגם במטרה לרסן את הגאויות בשיטפונות ולאגור מי גשמים לחקלאות. אחר כך הוכנסו דגים למים, כדי שהתושבים יוכלו לדוג באגם וליהנות מתוספת חלבון. ביחד עם העצים והמים הגיעו גם בעלי החיים, והמקום הפך לנווה מדבר אמיתי.

מאמצים רבים מושקעים בניקוי ובפיתוח האגם וסביבתו. בשנת 2008 נחנך במקום מכון משוכלל לטיהור שפכים, המאפשר לשמור על מפלס מי האגם, לעשות שימוש חוזר במים ולגדל דגי מאכל. הפארק מהווה את המרכז התיירותי האזורי בכל התוכניות העתידיות לפיתוח התיירות, עם חוות רכיבה על סוסים, גמלים וחמורים, מלון, חניון לילה ואזור דיג מוסדר.

Other wildlife found its way to the trees and water, and now the park is a true haven. Extensive efforts have been invested in cleaning the lake and developing its surroundings. In 2008, an advanced sewage treatment plant was inaugurated, facilitating the maintenance of the lake's water level, enabling water recycling and making the waters hospitable for the cultivation of edible fish.

Today, the park is the focus of regional tourism development plans, which include a ranch for horse, camel and donkey riding ranch, a hotel, a trailer park and an organized fishing area.

A LAKE IN THE DESERT

Yeruham Park is a man-made oasis built around what is the second largest lake in Israel - after the Sea of Galilee. The park is filled with desert shrubbery, trees that provide abundant shade, and picnic tables. The combination of trees, water, animals and desert light, especially during the early morning hours and just before dusk, contributes to the park's unique pastoral setting.

The trees were planted by the residents of Yeruham, working for the JNF in the 1950s, and the Israel Water Authority dammed up the Revivim Riverbed in a project aimed at creating run-off water reservoirs. Thus, the lake was created to tame the tides and floods, and utilize the accrued rainwater for agriculture. Later, the lake was populated with fish, enabling residents to enjoy both the sport and protein benefits of fishing.

אילו ציפורים

עולם החי בירוחם הוא עשיר ומרתק. במרחק של 100 מ' אפשר לעבור מגדת מים לחורש או למדבר. במהלך השנה, חולפים ועוברים מעל האזור כ-200 מינים שונים של עופות מים וציפורים, ביניהם דורס לילה בשם שעיר מצוי, ברווז עם ראש ירוק הנקרא מרית (בעל מקור דמוי שפכטל), חוגלה, עפרוני מדבר, סלעית, סיקסק ולהקות של טריסטרמיות. מבין הקנים נשמעת מדי פעם שירת זמיר. אחת הציפורים המיוחדות היא הפורפירייה – תרנגולת מים כחולה (בתמונה למעלה) הדוגרת בביצות ובאגמים אך מקננת ומתרבה בארץ רק באגם ירוחם.

BIRDS IN THE DESERT

Yeruham's wildlife is fascinating. In the space of 100 meters, you can stroll from a water stream to a grove of trees or desert. During the year, about 200 species of water fowls and birds pass through the area, including a blue water fowl with long thin legs, which in Israel reproduces and nests only in Lake Yeruham, the Otos Scops owl, the Anas Clypeata - a green-headed duck, partridges, desert larks, wheatears, spur-winged plovers and flocks of Tristram grackles. Sometimes, you may even hear the song of a nightingale.

הר צב ורכס רחמה

בישראל מצויים שני אתרים פולחניים פרה-היסטוריים גדולים ומיוחדים – אחד נמצא בהר כרכום והשני על רכס רחמה, ליד המקום המכונה "הר צב" בשל צורתו המזכירה שריון של צב. ברכס הנמצא מעל אגם ירוחם נחשפו מזבחות מתקופת הברונזה התיכונה (כלומר, בערך מימי אברהם אבינו כ־1,600 שנה לפנה"ס). באתר נמצאו גם מטילי נחושת במשקל אחיד, המסמלים את המעבר מסחר חליפין למטבעות, ומערות שבתוכן התגלו כלי ציור פרה־היסטוריים.

TURTLE HILL AND THE RAHMA MOUNTAIN RANGE

In Israel, there are two major pre-historic ritual sites – one on Mount Karkom and the other on the Rahma Mountain Range towering over Lake Yeruham. The Rahma Range boasts altars dating from the Middle Bronze Age (i.e. from the time of Abraham, circa 1,600 BCE), and bronze ingots of uniform weight that signal the transformation from barter-based commerce to a currency-based economy. Just behind the Lake is Turtle Mount – so called for its unusual turtle-like shape.

באר הגר

המסורת הערבית מזהה את הבאר העתיקה בקרבת היישוב עם הבאר שמצאה הגר כאשר גורשה עם בנה ישמעאל מבית אברהם אבינו (בראשית, כ"א).
על פי הסיפור המקראי, תעתה הגר במדבר באר שבע. המים אזלו, והיא השליכה את הילד תחת אחד השיחים כדי לא לראות במותו, ופרצה בבכי מר. מלאך
אלוהים נגלה אליה ופקח את עיניה, והיא ראתה את באר המים, אשר קודם לכן, כשהיתה שקועה בצערה, לא הצליחה לראות. הבאר נקראת בערבית ביר רחמה
(באר הרחמים), והגבעה נקראת על שמה – תל רחמה. בקרבת ירוחם נמצאות מספר בארות עתיקות. אחת שופצה בתקופת המנדט הבריטי כדי לשרת את עדרי
הצאן של הבדואים באזור. מבאר זו שאבו תושביה הראשונים של ירוחם את המים לשתייה. באר זו ובאר נוספת, עתיקה, ישוקמו על פי התוכניות בקרוב.

HAGAR'S WELL

Arab tradition identifies the ancient well near the town as the one found by Hagar after she and her son Ishmael were banished from
the House of Abraham (Genesis XXI). Based on the Biblical story, Hagar wandered in the Beersheba Desert, she ran out of water, and
she threw the child under a bush to avoid watching him die. She then burst into tears. The angel of the Lord came to her and opened
her eyes, and she saw a water well, which before, when blinded by her sorrow, she could not see. The Arabic name of the well is Bir
Rahma - the Well of Mercy, and the hill nearby - Tel Rahma. This and several other ancient wells nearby - including one renovated by
the British Mandate Authorities for Bedouin flocks - will soon to be restored.

"פעם כשעזר ויצמן ביקר כאן,
רצו לברך אותו בחלה ובמלח
וביקשו ממני להכין לו את
החלה. אפילו אמרו בדיוק
באיזה אורך לעשות אותה.
החלה יצאה יפה מאוד, אבל
התביישתי להגיש לו אותה
בעצמי, אז מישהי אחרת
הגישה לו".

"Once, when Ezer Weizman
was here, they wanted to
greet him with Challah and
salt, and they asked me to
prepare the Challah. They
even told me exactly how
long it should be. It came
out perfect, but I was too
shy to present it myself, so
someone else gave it to him."

Mas'uda Swissa

Born in Casablanca, Morocco in 1943
Immigrated to Israel in 1963

"I was twenty years old when the King of Morocco died and his son, Hassan, was crowned. Hassan knew that the Jews were good for Morocco, and he would not let them leave.

"One night, Lady Luck arrived. Hassan dreamt of his father, who said to him in his dream, 'You are keeping chickens in a cage. Open the cage and let them go.' Hassan, who could not understand what his father wanted, consulted with the cantor at the synagogue, who was considered a very wise man and one who could explain dreams. He told the king that the chickens represent the Jews who want to leave. Hassan, who loved and respected his father, announced that the gates would open for one week and all the Jews could leave. After a week, the gates would close. I was married, seven months pregnant and with a two-year old girl. On Tisha Be-Av, people from the Zionist Organization came unannounced to our home. They told us to prepare ourselves and returned several days later. 'Get up, the truck's waiting.' We took a bag of clothes and left everything else behind.

"They put us on a boat from Casablanca to Italy, where we waited for two weeks. Meanwhile, strong ties were being formed between the families. The men organized a Minyan and the women prepared food and took care of the children together. We decided to try and stay together when we would arrive in Israel - no matter where they put us.

"We got to Haifa just before Shabbat and stayed on the boat till Saturday evening. Then they put us on buses. Every half hour we asked when we would arrive.

מסעודה סוויסה

נולדה בקזבלנקה, מרוקו, בשנת 1943
עלתה לישראל בשנת 1963

"כשהייתי בת עשרים נפטר מלך מרוקו, והבן שלו, חסן, נעשה מלך במקומו. חסן ידע שהיהודים טובים למרוקו ולא הסכים לשחרר אותם מהמדינה. מי שהיה לו כסף הצליח בכל זאת להשיג לעצמו דרכון, ומי שלא היה לו כסף – התפלל למזל.

"לילה אחד המזל הגיע. המלך שהלך לעולמו הופיע בחלומו של בנו, ואמר לו: חסן, יש לך תרנגולות בכלוב, תפתח להן שייצאו. חסן, שלא הבין מה אביו מנסה לומר לו בחלום, התייעץ עם חזן בית הכנסת שהיה ידוע בחוכמתו ובכשרונו לפרש חלומות. החזן הסביר שהתרנגולות הן היהודים שרוצים לצאת, והוסיף שאם חסן לא ישחרר אותם ממרוקו – אביו לא ירפה ממנו. חסן, שאהב וכיבד את אביו, הודיע ששערי מרוקו פתוחים לשבוע, ובשבוע זה כל היהודים יכולים לעזוב. בתום השבוע ייסגרו השערים מחדש, ומי שלא הספיק או לא רצה לעזוב – יישאר במרוקו. אני הייתי אז נשואה, עם ילדה בת שנתיים ובחודש שביעי להריון. בתשעה באב הגיעו אלינו הביתה במפתיע כמה שליחים ציונים, שאלו אם אנחנו רוצים לצאת לישראל, אמרו לנו להכין את עצמנו והלכו. אחרי כמה ימים הם הגיעו, אמרו: 'יאללה, קומו עכשיו, הטרנזיט מחכה'. אנחנו לקחנו רק תיק מלא בבגדים, השארנו את כל שאר הדברים שהיו לנו בבית, ויצאנו.

"העלו אותנו לאנייה. מקזבלנקה הפלגנו קודם כל לאיטליה, ונשארנו שם יותר משבועיים. בינתיים נוצרו קשרים חזקים בינינו ובין 27 משפחות נוספות שיצאו איתנו לישראל – הגברים התארגנו יחד למניין תפילה והנשים דאגו יחד לאוכל ולטיפול בילדים. התיידדנו מאוד והחלטנו לא להתפזר ולבקש לגור ביחד, באותו מקום, כשנגיע לארץ ישראל. איפה שישימו אותנו - טוב. העיקר להיות ביחד.

"הגענו לחיפה ממש לפני כניסת השבת. עשינו שבת באנייה ובמוצאי שבת העלו אותנו על אוטובוסים. כל

Every time, they said, 'another hour.' When we got to Yeruham, they took us to an apartment block - no water, no floor tiles, no electricity. Slowly, bit by bit, we got everything organized. When the houses were ready, they gave us identity cards and we were sent to work. I worked in agriculture, then as a cook. We weren't lazy, and we didn't complain, we worked at whatever job was available.

"The decision to stay together was a good one. We all remained in Yeruham, and I've lived my life among warm and good people who love one another and are happy to help. I love Yeruham. I raised seven children here, may they be healthy. My eldest daughter, who came with us from Casablanca, died here. In 1977, my husband died, too. I was only 33 at the time, a single mother with 7 children, and I had to make money, so I worked.

"The oldest would send the younger children to school and I'd go off to work all day - first cooking, then cleaning two other houses. When I'd get home, I'd sleep maybe two or three hours. For 12 years, I volunteered as a cook for young Orthodox mothers. All my children are grown up and have left home. They studied and have jobs, and theire lives are organized. Thirteen years ago I married Shlomo, whose wife - poor thing - had also died. I have 16 grandchildren and Shlomo has 30. He also loves to host people and see them enjoying my cooking.

"When we were small, in my parent's home, may they rest in peace, we would always say that without guests, one does not eat. We never sat at the table alone. Now, every second weekend I have dinner at my daughter's homes - they all learned to cook and can even cook some things better than me. I never buy things that one can prepare on one's own. Once, I had a group from Jordan over. I spoke Moroccan Arabic with them, and they were so enthusiastic that, instead of eating, all they wanted to do was talk. All my guests are special. I always receive them with a smile."

חצי שעה שאלנו מתי מגיעים. בכל פעם אמרו 'עוד שעה'. אחרי כמה שעות הגענו לירוחם. לקחו אותנו לבלוק אחד בגבעה וחילקו לנו בתים, בלי מים, בלי ריצוף ובלי חשמל. לאט לאט הרכיבו הכל, עד שגמרו להרכיב חשמל, ריצוף וחלונות בכל הבלוק. כשהבתים היו מוכנים, חילקו לנו תעודות זהות ושלחו אותנו לעבודות. לא היינו עצלנים ולא התלוננו, עבדנו בכל עבודה שנתנו לנו. אני עבדתי בהתחלה בחקלאות ואחר כך בבישול.

"ההחלטה לבקש להישאר ביחד היתה נכונה. כולנו נשארנו לגור בירוחם ואני חייתי את כל החיים שלי עם אנשים חמים וטובים שאוהבים אחד את השני ושמחים לעזור. אני מאוד אוהבת את ירוחם. גידלתי פה שבעה ילדים, שיהיו בריאים. הבת הגדולה, שאיתה עליתי מקזבלנקה, חלתה ונפטרה. בשנת 1977 גם בעלי נפטר. הייתי בת 33, אמא לשבעה ילדים ואת הקטן עדיין הנקתי, אבל היה צריך להתפרנס - אז עבדתי.

"הגדולה היתה שולחת בבקרים את הקטנים לגן ואני הלכתי כל יום לעבוד בבישול ואחר כך שטפתי שני בתים. אחרי שחזרתי משתי עבודות, ישנתי אולי שעתיים-שלוש בלילה, וגם אז היה לי קשה להירדם כי הראש היה מלא במחשבות. במשך 12 שנים גם התנדבתי ובישלתי לכל יולדת בקהילה החרדית למשך שלושה שבועות אחרי הלידה כדי להקל עליה.
הילדים שלי גדולים וכולם כבר יצאו מהבית, למדו, עובדים ומסודרים בחיים. לפני 13 שנים התחתנתי עם שלמה, שכן שגם אישתו, מסכנה, נפטרה. לי יש 16 נכדים, לשלמה יש 30 נכדים, וגם הוא אוהב לארח אנשים בבית ולראות אותם נהנים מהבישולים.

"כשהיינו קטנים, בבית של אבא ואמא זיכרונם לברכה, תמיד אמרו שבלי אורחים - לא אוכלים. אף פעם לא ישבנו לבד לשולחן. עכשיו אני מתארחת כל שבת שנייה אצל הבנות שלי, שכולן למדו לבשל ויודעות להכין אוכל אפילו יותר טוב ממני. אני לא קונה הביתה דברים שאפשר להכין לבד, ואני אוהבת מאוד לארח. פעם היתה אצלי קבוצה מירדן. דיברתי איתם מרוקאית והם כל כך התלהבו, שבמקום לאכול הם רק רצו לדבר. כל האורחים מיוחדים אצלי. את כולם אני מקבלת בשמחה ובחיוך".

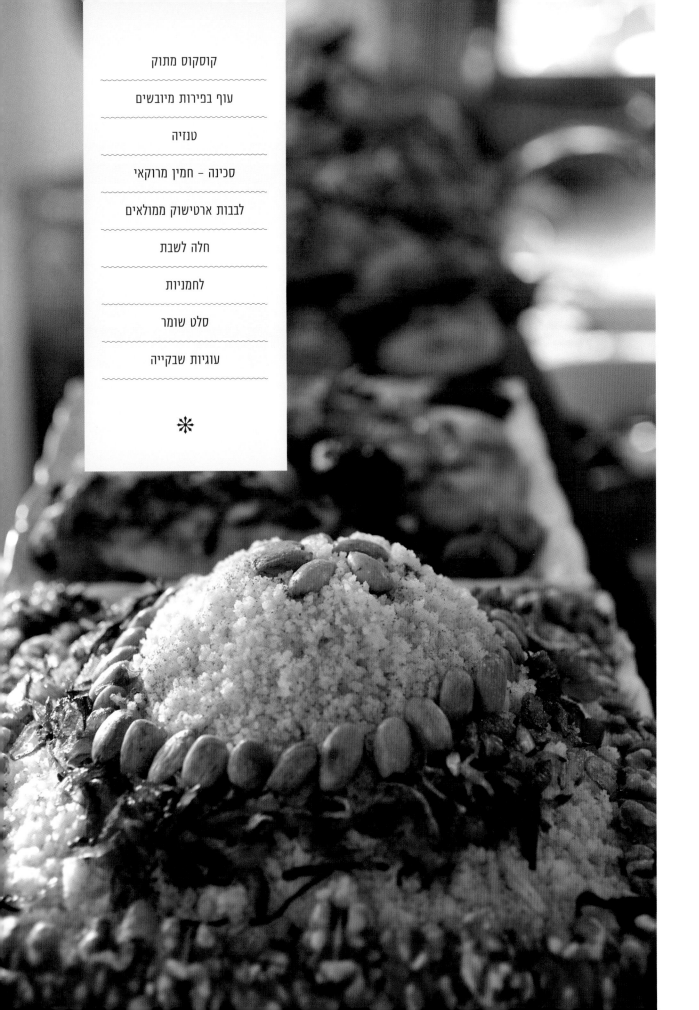

✳

קוסקוס מתוק

Sweet Couscous

{ 10 מנות }

1 ק"ג סולת
½ כוס שמן
1 כפית מלח
2-3 בצלים פרוסים
8 שזיפים מיובשים
8 משמשים מיובשים
חופן צימוקים
¼ כוס מים
2 כפות סוכר
1 כף קינמון
100 גרם שקדים קלופים
100 גרם אגוזי מלך
⅓ כוס שמן

הקוסקוס

1. שופכים בהדרגה את הסולת לקערה, בכל פעם רבע מהכמות. מוסיפים מים לפי הצורך, מערבבים ומפרידים בידיים לגרגרים דקים ללא גושים.

2. יוצקים מים לסיר האידוי (התחתון) עד מחציתו ומביאים לרתיחה. כשהמים רותחים, מניחים מעל את חלקו העליון והמחורר של סיר האידוי, שופכים אליו את הסולת, סוגרים במכסה ומבשלים כ-15 דקות.

3. מסירים מהאש. מעבירים את חלקו העליון (המחורר) של הסיר עם הקוסקוס מתחת לברז ומרטיבים את הקוסקוס החם. מניחים ל-10 דקות לספיגת המים. מעבירים לקערה.

4. מוסיפים לקוסקוס ¼ כוס שמן ואת המלח, מערבבים היטב ומחזירים לסיר האידוי מעל סיר המים. מרתיחים את המים ומבשלים 15 דקות נוספות.

הרוטב

1. מטגנים את הבצלים עם ¼ כוס השמן הנותרת, עד להשחמה. שומרים בצד את הבצלים המטוגנים ואת השמן משאירים במחבת.

2. למחבת המשומנת מוסיפים את השזיפים, המשמשים והצימוקים. מוסיפים את המים, הסוכר והקינמון ומביאים לרתיחה. מסירים מהאש.

3. שוטפים את השקדים והאגוזים, ומייבשים.

4. קולים במחבת את השקדים עם כ-⅓ כוס שמן עד להשחמה, ולקראת סוף הקלייה מוסיפים את האגוזים לחימום מהיר. מוציאים את השקדים והאגוזים מהמחבת.

5. יוצקים את נוזלי הרוטב (ללא הפירות המיובשים) מעל קערת הקוסקוס, ומערבבים היטב.

6. מוזגים את הקוסקוס המתוק לצלחת הגשה ומעטרים עם הבצלים המטוגנים, הפירות המיובשים, השקדים והאגוזים.

עוף בפירות מיובשים Chicken and Dried Fruit

{ 8 מנות }

½ כוס שמן
4 בצלים פרוסים
3 כפות דבש
1 כפית שטוחה קינמון
1 כף אבקת מרק עוף
½ כפית כורכום
2 כוסות מים
250 גרם שזיפים מיובשים
250 גרם משמשים מיובשים
8 כרעי עוף שלמות

1. במחבת מחממים את השמן ומטגנים את הבצלים, מוסיפים את הדבש, הקינמון, אבקת המרק והכורכום, מוסיפים את 2 כוסות המים ומביאים לרתיחה.

2. מוסיפים את הפירות המיובשים ומבשלים כמה דקות לרתיחה נוספת.

3. שוטפים ומנקים היטב את הכרעיים. מעבירים אותן לתבנית ויוצקים מעליהן את רוטב הפירות המיובשים. מכסים בנייר אלומיניום.

4. מכניסים לתנור לכ-30–45 דקות בחום של 175 מעלות.

5. מסירים את נייר האלומיניום ומחזירים לתנור לכ-10 דקות נוספות עד שהכרעיים משחימות.

*

שומרי הבריאות והמשקל יכולים להסיר מהעוף את העור לפני הבישול ולשמן את הכרעיים במעט שמן זית לפני הציפוי ברוטב.

טנזיה Tanzia

{ 10 מנות }

250 גרם צימוקים
250 גרם שזיפים מיובשים
250 גרם משמשים מיובשים
250 גרם דבלים (תאנים מיובשות)
3 בצלים גדולים חתוכים לרצועות
1 כוס סוכר
1 כוס מים
1 כף קינמון
250 גרם אגוזי מלך שלמים

1. שוטפים את הפירות המיובשים. מסננים.

2. מטגנים את הבצלים עד להזהבה. מוסיפים את הצימוקים, השזיפים, המשמשים, התאנים, הסוכר והמים ומביאים לרתיחה.

3. מנמיכים את האש ומוסיפים את הקינמון. ממשיכים לבשל על אש נמוכה כ-20 דקות, עד לצמצום כל הנוזלים.

4. לפני ההגשה קולים את האגוזים בתנור ומפזרים מעל.

*

הטנזיה היא מעין ריבת בצל עם פירות מיובשים. כמה כפות של טנזיה משדרגות בקלות כל מנת אורז, בשר או עוף.

Sweet Tanzia is nearly always served on Rosh Hashana with meat, rice or couscous. It is also traditional to fill a salt shaker with sugar and sprinkle it over the bread while blessing (instead of salt, as is customary during the rest of the year).

בסעודת ראש השנה נהוג להגיש קוסקוס מתוק או טנזיה עם בשר, אורז או קוסקוס. בראש השנה נוהגים גם למלא מלחייה אחת בסוכר במקום במלח ולהשתמש בסוכר לברכת "המוציא לחם מן הארץ", כדי לסמל שנה מתוקה. בראש השנה מכינים אפילו את הדגים ללא פלפל חריף.

סכינה – חמין מרוקאי

Sechina - Moroccan Cholent

{ 10 מנות }

לחיטה:
1½ כוסות חיטה
1 כפית שטוחה אבקת מרק עוף
1 כפית קינמון
2 כפות סוכר
2 כפות שמן

לחמין:
500 גרם חומוס
1 ק"ג בשר מס' 8 (בשר שריר טרי או קפוא ומופשר)
6 תפוחי אדמה
2 בטטות
3-4 תמרים מגולענים וחתוכים לקוביות קטנות
3 שיני שום כתושות
½ כפית כורכום
1 כף פפריקה מתוקה
1 כף אבקת מרק
½ כפית פלפל שחור
8 ביצים

החיטה

1. מכניסים את החיטה לסיר, מוסיפים מים עד לכיסוי ומביאים לרתיחה.
מוסיפים את התבלינים, מרתיחים כמה דקות נוספות ומסירים מהאש. החיטה לא אמורה להיות מוכנה לגמרי בשלב זה, אלא להתבשל בהמשך בחמין.

2. מקררים מעט ומעבירים לשקית קוקי (אין צורך לחורר אותה).

החמין

1. משרים את החומוס במים למשך הלילה.

2. מכניסים את החומוס לסיר, מוסיפים מים עד לכיסוי ומבשלים על אש גבוהה. מביאים לרתיחה.

3. חותכים את הבשר ל-2-3 חתיכות גדולות ומוסיפים לסיר.

4. קולפים את תפוחי האדמה והבטטות ומוסיפים לסיר.

5. מוסיפים לסיר את קוביות התמרים, השום והתבלינים, ומערבבים.

6. מוסיפים בזהירות את הביצים מעל. מוסיפים מים עד לכיסוי.

7. מניחים מעל הכל את שקית החיטה.

8. מבשלים על אש בינונית כשעתיים. מעבירים לפלטת שבת (או לתנור בחום של 70 מעלות) למשך הלילה.

✳

התמרים מוסיפים לחמין גם גוון שחום ויפה וגם מעט מתיקות. אם אין תמרים אפשר להוסיף מעט קינמון, או 2 כפות דבש.

Stuffed Artichoke Hearts

לבבות ארטישוק ממולאים

{ 10 מנות }

לרוטב:

3 בצלים

¼ כוס שמן

3 גבעולי סלרי קצוצים (עם העלים)

½ כפית כורכום

1 כף פפריקה

1 כף אבקת מרק עוף

פלפל שחור או לבן לפי הטעם

2 כוסות מים

ללבבות הארטישוק:

400 גרם (שקית) לבבות ארטישוק קפואים

1 בצל גדול

½ צרור כוסברה

½ צרור פטרוזיליה

750 גרם בשר בקר טחון

¼ כוס פרורי לחם

1 כפית תבלין לקציצות (ראס אל חנות) או כמון

פלפל לפי הטעם

1 ביצה

לטיגון:

קמח לקימוח

1 ביצה

¼ כוס מים

שמן קנולה

1. מקצצים ומטגנים את הבצלים במחבת חמה. הטיגון נעשה בתחילה ללא שמן, כדי שהבצל יפריש נוזלים ולא יספוג הרבה שמן.
כשהבצלים מזהיבים, מוסיפים את השמן, הסלרי, התבלינים והמים. מערבבים, מביאים לרתיחה ומסירים מהאש.

2. מפשירים ושוטפים היטב את לבבות הארטישוק. מגוררים את הבצל. קוצצים את הכוסברה והפטרוזיליה ומעבירים לקערה גדולה.

3. מוסיפים את הבשר, פרורי הלחם, התבלינים והביצה ומערבבים לתערובת אחידה. יוצרים מהתערובת קציצות עגולות כמספר לבבות הארטישוק, קטנות מעט מהם. ממלאים את הלבבות בקציצות הבשר.

4. מפזרים קמח על צלחת שטוחה. בצלחת נפרדת טורפים את הביצה עם ½ כוס המים. טובלים את הלבבות הממולאים קודם בקמח ואחר כך בביצה הטרופה.

5. במחבת עם שמן עמוק מטגנים את הלבבות הממולאים עד להזהבה. מעבירים את הלבבות הממולאים לתבנית ויוצקים מעליהם את הרוטב.

6. מכסים את התבנית בנייר אלומיניום ומכניסים לתנור בחום של 180 מעלות למשך כ-30 דקות.

※

ראס אל חנות היא תערובת תבלינים ועשבי תיבול צפון אפריקאית המורכבת על ידי כל בעל חנות תבלינים על פי מתכון סודי משלו.

※

להכנת המתכון משתמשים בלבבות ארטישוק מוכנים ומנוקים הנמכרים בשקיות במחלקת הקפואים במרכולים. השימוש בלבבות המוכנים חוסך את התהליך הארוך של ניקוי הארטישוקים, וגם מאפשר את הכנת התבשיל בכל ימות השנה, ולא רק בחודשי החורף והאביב שבהם הארטישוקים טריים.

חלה לשבת
Shabbat Challah

לצורות השונות של החלות יש משמעות סמלית. בראש השנה, למשל, נוהגים לאפות חלות עגולות המסמלות סגירת מעגל ותקווה לשנה מושלמת, או חלות בצורות של אשכול ענבים, רימון, חמסה או דג, כדי להביא מזל טוב ולמנוע "עין רעה". ל"שבת חתן" מכינים למשל חלה בצורת אשכול ענבים, שכל אחד יכול לבצוע לעצמו ממנה מעין לחמניית עינב קטנטנה לברכת "המוציא".

1 ק"ג קמח מנופה (בנפת משי)
2 כפות גדושות שמרים יבשים
½ כוס סוכר
כ-3-3½ כוסות מים
½ כוס שמן
1 כפית גדושה מלח
1 ביצה להברשה
שומשום לקישוט

הבצק

1. מכניסים לקערה את הקמח, מוסיפים את השמרים, הסוכר ו-3 כוסות מים ולשים מעט לבצק. מוסיפים את השמן והמלח ולשים עד שאין גושים והבצק רך. אם צריך מוסיפים ½ כוס מים.

2. מכסים בניילון (לא נצמד), מניחים במקום חמים ל-10 דקות להתפחה.

3. לשים שוב היטב, מכסים ומניחים להתפחה ל-15 דקות נוספות.

הכנת החלה

1. מחלקים את הבצק לשני כדורים.

2. מחלקים כדור אחד ל-4 כדורים שווים ואת השני ל-5 כדורים קטנים יותר.

3. מגלגלים את 4 הכדורים לגלילות. מהדקים את הגלילות ביחד בקצה אחד. קולעים מהן צמה ומהדקים את הקצה השני.

4. מעבירים את הצמה לתבנית אפייה מרופדת בנייר אפייה ומברישים מעל בביצה.

5. מגלגלים 3 מהכדורים הנותרים לגלילות ומהדקים את הקצה. קולעים צמה מהגלילות. מהדקים את הקצה השני ומניחים את צמת הבצק הקלועה מעל הצמה המוברשת בביצה. מברישים את הצמה העליונה בביצה.

6. מגלגלים את 2 כדורי הבצק הנותרים לגלילות. מהדקים את הקצה ויוצרים מהן מעין בורג. מניחים מעל הבצק המוברש. מברישים מעל בביצה ומפזרים שומשום מעל.

7. מניחים לחלה לתפוח כ-15 דקות.

8. מכניסים את החלה לתנור שחומם מראש ל-180 מעלות ואופים כ-30 דקות, עד שהחלה משחימה.

*

אפשר להכין מכמות הבצק הזו גם 2 חלות קלועות: מחלקים את כל הבצק ל-6 גלילות שוות ויוצרים 2 צמות מכל 3 גלילות.

The Mitzvah of setting aside some of the dough is one of the three Mitzvot that are considered as specially important for women. The dough was originally set aside, while reciting a blessing, as a donation for the priests (Cohanim). Today, it is usually burned or thrown away. Mas'uda tells us that, when she worked as a cook, she would bake the pieces she had extracted into Challahs, which she would then donate to priestly families in the community.

מצוות הפרשת חלה היא אחת משלוש המצוות החשובות ביותר שעל הנשים לקיים, והיא מורה להפריש חלק מבצק החלה כתרומה לכהנים. מוציאים מבצק החלה חתיכה קטנה, מברכים ושורפים או משליכים את הבצק. אם עיסת הבצק רכה מדי ולא ניתן לבצוע ממנה חתיכה – אפשר לקיים את המצווה גם לאחר האפייה (ולפני האכילה).

מסעודה מספרת כי בעבר, כאשר עבדה כמבשלת, היתה מכינה חלות לשבת בכמויות גדולות. מהבצק שהופרש נהגה לאפות חלות ולתרום אותן למשפחות הכהנים בקהילה.

לחמניות
Rolls

{ 18-20 יחידות }

1 ק"ג קמח מנופה (בנפת משי)
2 כפות גדושות שמרים יבשים
½ כוס סוכר
כ-3-3½ כוסות מים
½ כוס שמן
1 כפית גדושה מלח
1 ביצה להברשה
שומשום לקישוט

1. מכניסים לקערה את הקמח, מוסיפים את השמרים, הסוכר ו-3 כוסות מים ולשים מעט לבצק. מוסיפים את השמן והמלח ולשים עד שאין גושים והבצק רך. אם צריך מוסיפים ½ כוס מים.

2. מכסים בניילון (לא נצמד), מניחים במקום חמים ל-10 דקות להתפחה.

3. לשים שוב היטב, מכסים ומניחים להתפחה ל-15 דקות נוספות.

4. קורצים מהבצק כ-18-20 כדורים בגודל כף יד. מכל כדור יוצרים גליל מאורך, מותחים אותו מעט ויוצרים קשר.
משמנים מעט את משטח העבודה ומניחים מעליו לכמה דקות את הלחמניות להתפחה.

5. מרפדים תבנית בנייר אפייה ומעבירים את הלחמניות לתבנית, במרחקים שימנעו הידבקות במהלך האפייה.

6. מברישים את הלחמניות בביצה ומפזרים מעט שומשום. מניחים להתפחה ל-10 דקות ואופים בתנור שחומם מראש ל-180 מעלות עד שהלחמניות משחימות מעט.

סלט שומר
Fennel Salad

{ 8 מנות }

4 יחידות שומר בגודל בינוני
1 כף שמן
¼ כוס מיץ לימון
מלח
פלפל

1. מסירים מהשומר את ראשי הגבעולים ואת השורש. חוצים את השומר לחצי ומפרידים את הפלחים. שוטפים היטב את החול מהפלחים.

2. חותכים כל פלח לאורך לרצועות.

3. מוסיפים את השמן ומיץ הלימון ומתבלים במלח ובפלפל לפי הטעם. מערבבים.

עוגיות שבקייה

Shabakiya Cookies

{ כ-50 עוגיות }

לבצק:

1 כוס מים

150 גרם מרגרינה

3½ כוסות (500 גרם) קמח רגיל

¼ כוס לימון

שמן לטיגון עמוק

לסירופ הסוכר:

2½ כוסות (500 גרם) סוכר

1½ כוסות מים

מיץ מ-½ לימון או ¼ כוס מיץ לימון משומר

הבצק

1. מחממים מעט את המים (לא יותר מדי) ויוצקים לקערה. מוסיפים את המרגרינה וממיסים אותה במים לחלוטין.

2. מעבירים לקערה נפרדת את הקמח. מוסיפים את המרגרינה המומסת ואת מיץ הלימון ולשים היטב לבצק אחיד וקשה מעט.

3. מכניסים את הבצק לשקית ניילון סגורה. מניחים את הבצק למנוחה למשך כ-10 דקות כדי שיתרכך (הוא לא אמור לתפוח).

4. לשים שנית את הבצק ומניחים למנוחה נוספת. מרדדים את הבצק לעובי של כ-3 ס"מ.

5. בעזרת גלגלת לחיתוך בצק (רצוי בעלת קצוות גליים) חותכים את הבצק לאורכו, לרצועות ברוחב של 3½ ס"מ.

6. חותכים שוב את הרצועות - הפעם לרוחבן, במרחקים של 3½ ס"מ ויוצרים ריבועים קטנים של 3½x3½ ס"מ.

7. מרדדים כל ריבוע לבצק דק ככל האפשר.

8. יוצרים לרוחב כל ריבוע בסכין כ-4-5 חתכים במרחקים שווים, המתחילים כ-2 ס"מ לפני הצלע העליונה, ויורדים מטה, עד כ-2 ס"מ לפני הצלע התחתונה. מקפלים את הרצועות שנוצרו אחת על השנייה, לצורות שונות.

9. מטגנים את השבקיות (לא בבת אחת) בשמן עמוק וחם עד שהן מזהיבות, ומוציאים בעדינות למסננת.

סירופ הסוכר

1. מכניסים לסיר קטן את הסוכר, המים ומיץ הלימון. מביאים לרתיחה. בוחשים מפעם לפעם ומבשלים על אש נמוכה עד שהסירופ נעשה סמיך כדבש.

2. טובלים כל שבקייה בסירופ הסוכר ומעבירים לצלחת הגשה.

THE LARGE MAKHTESH (CRATER)

The Makhtesh is a rare and breathtaking geological phenomenon unique to Israel and Sinai. It was created millions of years ago through erosion and weathering of rock layers - each layer with its own characteristics. The Large Makhtesh is 14 km in length and 6 km wide. It is located several minutes drive east of Yeruham, between the Tira and Carbolet mountain ranges, the Israel Trail and Mount Avnun.

MOUNT AVNUN LOOKOUT: A short climb from the parking area along a dirt road and over polished calcite steps brings us to an exhilarating view of the Large Makhtesh.

THE FOSSIL PATH is testament to the sea which once covered this area. Fossilized shells, corals, sea urchins and starfish can be found everywhere (the area is a protected nature reserve, and collecting fossils is strictly forbidden).

ירוחם

הסרט "סוף העולם שמאלה", המספר את סיפורה של ירוחם, צולם בה חלקית. גם הסרטים "המשאית" ו"ביקור התזמורת" צולמו בירוחם.

The movie *Turn Left at the End of the World*, that tells the story of the town, was partially filmed in Yeruham. So were the movies *The Truck* and *The Orchestra Visits.*

רכס כרבולת

הרכס תוחם את המכתש הגדול מדרום-מזרח. הוא נקרא כך בשל צורתו דמויית הכרבולת, וההליכה עליו מאפשרת תצפית מדהימה על הצורות המשוננות של הסלעים, על קירות המכתש הגדול ועל בקעת צין. מסלול ההליכה בו כולל שיפועים חדים בין מדרון תלול לתהום, והוא נחשב לאחד המסלולים הקשים ביותר בשביל ישראל.

THE CARBOLET RANGE

The Carbolet (lit. crest) Range borders the Large Makhtesh on the south-east. It derives its name from its crest-like shape. Walking along it offers visitors breathtaking views of the ragged rocky surfaces, the Makhtesh walls, and the Zin Valley. It is considered one of the most challenging but rewarding segments of the Israel Trail.

החולות הצבעוניים

בתוך המכתש הגדול נמצא אזור החולות הצבעוניים, המתאפיין בשכבות אבן חול צבעוניות המתפוררות במגע יד. אבנים סגולות, אדומות, כתומות, ירוקות, חרדליות, צהובות, כחולות, חומות ולבנות, שנוצרו באמצעות מינרלים ששקעו באבני החול והתחמצנו עם חשיפתן לאוויר. לנוחות המבקרים הוקם בירידה למכתש אתר מוסדר, עם סככות ושולחנות פיקניק, המהווה אטרקציה לילדים ולמבוגרים גם יחד. ילדי בתי הספר של ירוחם מקיימים במקום פעילויות להכרת המדבר ומתנסים בהפקת צבע בשיטות עתיקות. סימן ההיכר של אתר החולות הצבעוניים הוא עצי אקליפטוס גבוהים הבולטים על רקע הצחיחות המדברית.

THE COLORED SANDS

In one area of the Large Makhtesh, there are layers of colored sandstone that disintegrate upon touch. Five huge Eucalyptus trees stand amongst purple, red, orange, green, yellow, mustard, blue, brown and white rocks, which are formed by minerals that sank into the sandstone, then oxidized upon exposure to the air.

A picnic area provides tables. Yeruham's schoolchildren come here to learn about the desert and enjoy pigment extraction workshops and other activities. Families and visiting groups can experience nature's way of coloring the desert landscape.

ירוחם

How much rain falls in Yeruham annually?
The multi-year average is 110 mm per year.
In previous times - perhaps even as late as
the 7th century CE - the area enjoyed
greater precipitation.

כמה גשם יורד בירוחם מדי שנה?
הממוצע הרב-שנתי הוא 110 מ"מ.
תקופות קדומות – ייתכן אפילו עד המאה
ה-7 – היו משופעות יותר בממטרים.

פריחה מדברית

בסתיו ובתחילת החורף מופיעים ברכס רחמה, במרחק של כ-2 ק"מ מירוחם – שני מרבדים צהובים של פרחים בעלי גביעים מבריקים. פרחים צהובים גדולים אלה הם החלמוניות - סמלה של העיירה. במרחק של כ-4 ק"מ מירוחם בדרך לדימונה, פורחת מאמצע פברואר עד אמצע מרץ שמורת אירוס ירוחם. הפרח חום כהה, אצילי ומרשים, ופריחתו מושכת מטיילים ומבקרים. חצבים פורחים במדבר גם בשנים שחונות במיוחד, ללא אף יום של גשם. בתום הפריחה בוקעים מהאדמה היבשה, מבעד לאבנים ולסלעים, עליהם הירוקים של החצבים.

DESERT BLOSSOM

In the fall just as winter sets in, along the Rahma Mountain Range - about two km from Yeruham - two concentrations of bright yellow flowers bloom. These are the Sternbergia, which Yeruham has adopted as its symbol. four km down the road towards Dimona, in a nature reserve, the Yeruham Iris blossoms from mid-February until the middle of March. This noble light-brown and purple flower attracts visitors from all over the country. In September, Hyacinth Squills bloom in the desert even during the driest years - without a drop of rain. Only when the flower is gone do the green leaves appear between the rocks and stones, breaking through the dry desert ground.

"אנחנו משקיעים אהבה
ודאגה דרך האוכל. לנשים
אחרי לידה מכינים חביתה
עם כמון כדי לחזק אותן.
לפעמים מוסיפים לביצים גם
טיפת קמח או לחם סחוט".

"We express love and
concern through food.
For women after birth,
one should prepare eggs
with cumin to make them
stronger. Sometimes she
can add a drop of flour or
squeezed soakes bread."

Miriam Na'im

Born in Sdeh Uziah, in the Western Negev in 1951

Miriam's family - the Briga Family - immigrated from Libya in 1949, and was sent, along with other families, as agricultural settlers to Sdeh Uziah - a cooperative moshav near Shtulim (a farming settlement) in the Negev.

"My parents knew nothing about farming. In Libya my father was a merchant, and when we got to Israel, he worked in construction and paving roads," Miriam explains. "When we got our first cow, father was not at home, and mother, who had no idea what to do with a cow, brought it to sleep inside the house with us. Slowly, we learned, we developed a farm with cowsheds, chicken coops and field crops, and we all - four sisters and five brothers - worked.

Miriam married Michael in 1971, and they built their home in Beer Sheva. They moved to Yeruham to be with their extended family. "My old sister, Dalia, had been living in Yeruham since 1971. My parents sold the farm and moved here in 1978. Most of my brothers and sisters were there, by then. So Michael and I decided that we too would move to Yeruham just to try it out. The experiment worked. I'm glad we did it. This is where I raised my children. Yeruham is a warm place with good people.

Miriam, whose most frequent utterances are "alright" and 'no problem', used to work at Agis and as a *mama* at the Mitzpe Ramon air-force base, where she prepared breakfasts for the pilots and crews. Having joined the Culinary Queens of Yeruham project at the suggestion of a relative, she loves to host people who enjoy her food. "When people get excited about my food, it's the best kind of experience. I especially love it when guests ask for another cake or bread roll to take for the road. They should eat in good health!"

מרים נעים

נולדה במושב שדה עוזיה בנגב המערבי, בשנת 1951

משפחתה של מרים, משפחת בריגע, עלתה לישראל מלוב בשנת 1949, ונשלחה עם עולים אחרים להתיישבות חקלאית בנגב במושב שדה עוזיה שליד שתולים.

"ההורים שלי לא ידעו שום דבר על חקלאות, בלוב אבא היה סוחר, וכשהגיעו לישראל הוא עבד בבנייה ובסלילת כבישים", מספרת מרים. "כשקיבלנו את הפרה הראשונה למשק, אבא לא היה בבית, ואמא, שלא ידעה מה עושים עם פרה, הכניסה אותה לישון איתנו בבית. לאט לאט למדנו, הקמנו משק עם רפתות, לולים וגידולי שדה, וכולנו – ארבע אחיות וחמישה אחים – עבדנו".

בשנת 1971 נישאה מרים למיכאל, והם הקימו את ביתם בבאר שבע. לירוחם הגיעו בעקבות המשפחה המורחבת: "אחותי הגדולה דליה גרה בירוחם משנת 1971, הוריי מכרו את המשק במושב ועברו לירוחם בשנת 1978. רוב האחים והאחיות שלי כבר היו פה, אז החלטנו, מיכאל ואני, שגם אנחנו נעבור לירוחם לניסיון – שהצליח. אני שמחה שעשינו את זה, כאן גידלתי את הילדים שלי. ירוחם היא מקום חם עם אנשים טובים".

מרים, שצירוף המילים השגור ביותר בפיה הוא "בסדר, אין בעיה", עבדה בעבר באגיס וגם כ"מאמא" בטייסות של חיל האוויר במצפה רמון. בעבודתה כ"מאמא" הכינה בין היתר ארוחות בוקר מושקעות לאנשי צוות אוויר בטייסות.

מרים, שהצטרפה לפרויקט "המבשלות" בעקבות המלצה של קרובת משפחה, אוהבת מאוד לארח אנשים שנהנים ממעשיה ידיה: "כשאנשים מתלהבים מהאוכל שלי זאת חוויה בשבילי. אני נהנית במיוחד כשהאורחים מבקשים לקחת עוד עוגה או לחמנייה לדרך... שיהיה להם לבריאות!".

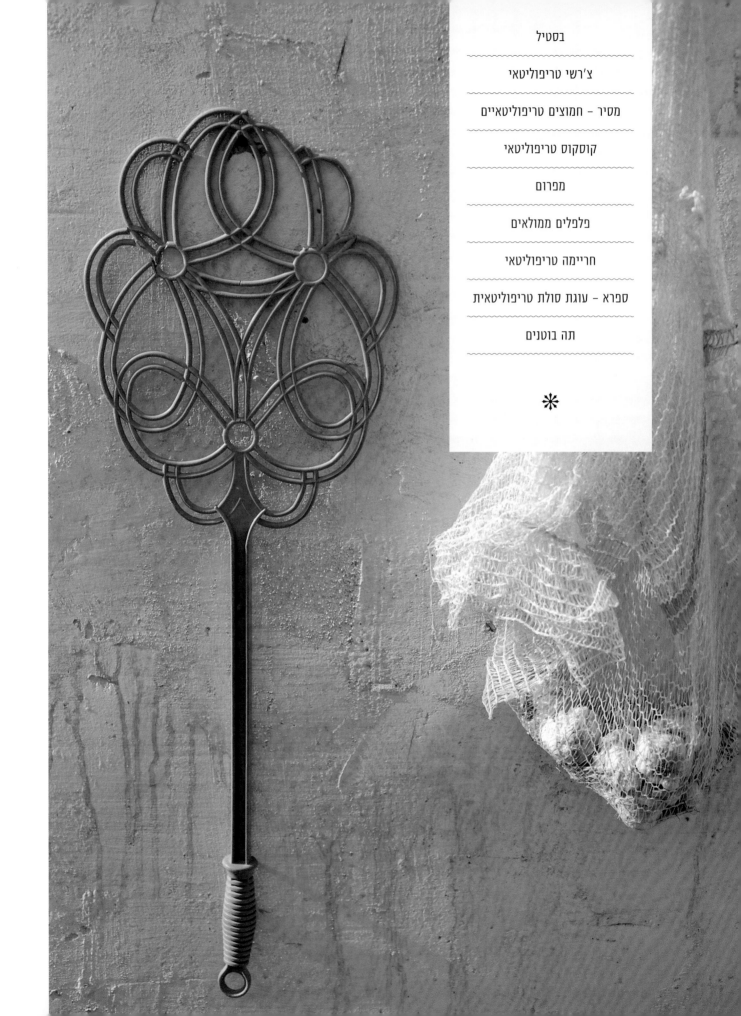

בסטיל

Bastille

בתהליך הכנת הבסטיל, מרים נוהגת להניח בצד צלוחית עם מעט שמן ולשמן את הידיים בכל פעם שהיא משטחת את הפירה על כף היד. כך ניתן לעטוף את הבשר בקלות מבלי שהפירה נדבק לידיים.

{ 20–25 יחידות }

8-9 תפוחי אדמה גדולים (עם הקליפה האדומה)
¼ כוס שמן
1 בצל גדול קצוץ דק
500 גרם בשר בקר טחון
⅓ כוס פטרוזיליה קצוצה
⅓ כוס כוסברה קצוצה
⅓ כוס סלרי קצוץ
1-2 שיני שום
1 כפית אבקת מרק עוף
1 כפית תבלין לקציצות (רצוי ראס אל חנות)
½ כפית קינמון
פלפל שחור לפי הטעם
1 חלמון ביצה

לטיגון:
שמן לטיגון חצי עמוק
1 חלבון ביצה
⅓ כפית רסק עגבניות
⅓ כוס מים
1 כוס קמח

תפוחי האדמה

1. מבשלים את תפוחי האדמה על אש גבוהה בסיר עם מים עד לכיסוי, עד שהם מתרככים. מסננים. מקלפים ומועכים למחית רכה (פירה).

תערובת הבשר

1. במחבת מחממים את השמן ומטגנים את הבצל עד להזהבה.

2. מוסיפים את הבשר ומטגנים תוך כדי ערבוב עד שהבשר מקבל גוון בהיר.

3. מוסיפים את הפטרוזיליה, הכוסברה, הסלרי, השום והתבלינים, ומערבבים. מקררים. מוסיפים חלמון ומערבבים.

הרכבת הבסטיל

1. לוקחים חופן פירה, משטחים על כף היד, מניחים במרכז מעט מתערובת הבשר וסוגרים בעזרת הידיים את המחית מעל הבשר ליצירת הבסטיל.

2. במחבת רחבה ועמוקה מחממים את השמן.

3. בצלחת עמוקה מערבבים את חלבון הביצה, רסק העגבניות והמים. מגלגלים את הבסטיל בקערה עם קמח, טובלים בתערובת החלבון ומעבירים לשמן החם. מטגנים עד שהבסטילים מאדימים מכל הצדדים.

מסיר – חמוצים טריפוליטאיים

Massir - Tripoli-Style Pickles

¼ כרוב בינוני
1 קולרבי בינוני
1 לפת בינונית
1 גזר
¼ פלפל אדום
½ פלפל ירוק
2 גבעולי סלרי
¼ כפית מלח
¼ כפית מלח לימון
3-2 כפות מים

1. שוטפים היטב את הירקות ומקלפים (לשמירת כשרות מניחים הכל בקערה עם מים ומלח למשך כ-50 דקות).

2. פורסים את הירקות לפרוסות ארוכות ודקות. מעבירים לקערה.

3. מתבלים במלח ובמלח לימון ומוסיפים מעט מים. מערבבים.

4. מניחים מכוסה בטמפרטורת החדר כשעה-שעתיים ומגישים.

* ניתן לשמור במקרר עד שבוע בצנצנת סגורה.

צ'רשי טריפוליטאי – צ'רשי דלעת, גזר, סלק

Tripoli-Style Charashi - Pumpkin, Carrot, Beetroot

250 גרם דלעת
2 גזרים בינוניים מקולפים
1 סלק אדום בינוני

לתיבול:
2 שיני שום כתושות
1 כף פפריקה חריפה או מתוקה לפי הטעם
2-1 פלפל סודני טחון (לאוהבי חריף)
½ כפית מלח
½ כפית מלח לימון
½ כפית קימל טחון (כרוויה)
2 כפות שמן

1. שוטפים את הירקות. מסירים מהסלק עלים ושורש וחותכים לחצי.

2. בסיר עם מים מרתיחים את הירקות עד שהם מתרככים (לא מאוד). מסננים.

3. חותכים את הגזרים לעיגולים. מקלפים את הסלק במים קרים זורמים (כדי להקל על הקילוף). מגוררים את הדלעת ללא הקליפה במגרדת לתוך מסננת כדי להיפטר מהנוזלים. מניחים כל ירק בצלחת נפרדת.

4. מערבבים בקערה את כל מרכיבי התיבול. מחלקים את התיבול בין שלוש הצלחות עם הסלטים, ומערבבים.

✳

סלט צ'רשי הולך מצוין עם סנדוויץ' טונה טוניסאי.
אפשר להוסיף לסלט גם גזרים מבושלים מקולפים.

קוסקוס טריפוליטאי

Tripoli-Style Couscous

בשלבי הבישול הראשונים של הקוסקוס נוהגת מרים להוסיף למים את הגזר, הדלעת והסלק המשמשים להכנת סלטי הצ'רשי הטריפוליטאיים שלה (ר' עמוד 70), ולשלות אותם מהמים כשהם מתרככים.

{ 8 מנות }

1 ק"ג סולת
4½ כוסות מים פושרים
¼ כוס שמן
1 כפית מלח
מים לאידוי

לרוטב:
½ כוס שמן
1 בצל בינוני קצוץ דק
½ כפית פפריקה
2 כפיות רסק עגבניות
1 כוס מים
1 חתיכת דלעת (כ-250 גרם)
1 גזר גדול
1 דלורית
1 קישוא גדול
1 תפוח אדמה גדול
¼ קולרבי
¼ לפת
1 עלה כרפס קצוץ
כמה עלי כוסברה קצוצים
כמה עלי פטרוזיליה קצוצים
1 כוס גרגרי חומוס שטופים שהושרו למשך כ-8 שעות
½ כפית אבקת מרק עוף

הקוסקוס

1. שופכים את הסולת לקערה, מוסיפים בהדרגה 2½ כוסות מים ומרטיבים תוך ערבוב את כל הסולת. מוסיפים את השמן. אם הסולת יבשה, מוסיפים מעט מים לפי הצורך. מערבבים ומפרידים את הסולת בידיים לגרגרים.

2. מעבירים את הסולת דרך נפה בתנועות ידיים סיבוביות לקערה נפרדת. מנפים את הסולת לגרגרים דקים ללא גושים.

3. יוצקים מים לסיר האידוי (התחתון) עד מחציתו ומביאים לרתיחה. כשהמים רותחים, מניחים מעל את חלקו העליון והמחורר של סיר האידוי, שופכים אליו את הסולת המנופה, מכסים במכסה ומבשלים כשעה על אש גבוהה.

4. מעבירים את הקוסקוס לקערה, מוסיפים את המלח עם 2 כוסות מים נוספות, ומפרידים את הקוסקוס בידיים לגרגרים. מעבירים דרך הנפה לקערה שנייה ומחזירים לסיר האידוי מעל סיר המים.

5. מרתיחים שוב את המים שבסיר. מכסים במכסה את סיר האידוי ומבשלים 30-45 דקות נוספות.
מסירים מהאש ומעבירים לקערה.

* ניתן להקפיא חלק מהקוסקוס המוכן לעת הצורך.

✻

ניתן להוסיף למרק גם נתחי עוף בהתאם למספר הסועדים.

הרוטב

1. בסיר רחב מחממים את השמן ומטגנים את הבצל עד להזהבה.

2. מוסיפים פפריקה, רסק עגבניות ומים. מערבבים ומבשלים כ-20 דקות על אש בינונית (עם מכסה פתוח חלקית). אם המים נגמרים, אפשר להוסיף.

3. שוטפים, מקלפים וחותכים לקוביות גסות את הדלעת, הגזר, הדלורית, הקישוא ותפוח האדמה ומוסיפים לסיר.

4. מוסיפים את הקולרבי, הלפת, עשבי התיבול וגרגרי החומוס. מתבלים באבקת מרק עוף ומוסיפים מים עד לכיסוי. מביאים לרתיחה ומבשלים על אש בינונית עד שהחומוס מתבשל ומתרכך.

מפרום

Mafroum

{ 5 מנות }

3-4 תפוחי אדמה
250 גרם בשר טחון
½ כוס פטרוזיליה קצוצה
½ כוס כוסברה קצוצה
½ כוס סלרי קצוץ דק
1 בצל בינוני קצוץ
3 שיני שום כתושות
½ כף אבקת מרק עוף
½ כפית תבלין לקציצות (רצוי ראס אל חנות)
½ כפית פלפל שחור
מעט קינמון לפי הטעם (לא חובה)
2 חלמונים
¼ כוס סולת

לטיגון המפרום:
שמן
מעט קמח לציפוי
2 חלבונים
⅓ כפית רסק עגבניות
¼ כוס מים

לבישול המפרום:
2-3 כפות שמן
1 בצל פרוס
¼ כפית רסק עגבניות

1. מקלפים ופורסים את תפוחי האדמה לפרוסות בעובי 2-3 ס"מ. פורסים כל פרוסה לשניים - ככריך, אך לא עד הסוף. מכניסים לקערה עם מים ומלח.

2. מכניסים לקערה נפרדת את הבשר, הפטרוזיליה, הכוסברה, הסלרי, הבצל והשום. מתבלים ומערבבים.

3. מוסיפים לתערובת הבשר את החלמונים והסולת ומערבבים.

4. שוטפים את תפוחי האדמה ממי המלח וממלאים כל צמד פרוסות בתערובת הבשר.

טיגון המפרום

1. במחבת גדולה או בסיר שטוח מחממים שמן לטיגון עמוק.

2. מפזרים את הקמח על צלחת או על מגש, ומצפים היטב בקמח את תפוחי האדמה הממולאים.

3. בצלחת עמוקה טורפים את החלבונים עם רסק העגבניות והמים. טובלים את תפוחי האדמה המקומחים בבלילת הביצה ומעבירים לשמן החם.

4. מטגנים משני הצדדים עד לקבלת גוון אדום-חום. מוציאים לנייר סופג.

בישול המפרום

1. בסיר שטוח מחממים את השמן ומטגנים בו את פרוסות הבצל והרסק עד להזהבה.

2. מסדרים בסיר את המפרומים המטוגנים כשהם צמודים זה לזה ובגובה של 2 שכבות בלבד. מוסיפים מים כמעט עד לכיסוי. מביאים לרתיחה, מנמיכים את האש ומבשלים על אש נמוכה עם מכסה מעט פתוח כ-30-60 דקות, עד שהרוטב מצטמצם, אך לא מתייבש.

*

כשטובלים בשר או חצילים בביצה לפני הטיגון, כדאי להשתמש רק בחלבון של הביצה. אם רוצים לתת למאכל שמטגנים גוון אדום, אפשר להוסיף לבלילה מעט רסק עגבניות.

פלפלים ממולאים (צמחוני)

Stuffed Peppers (Vegeterian)

{ 8 מנות }

8 פלפלים ירוקים בהירים
1 כוס אורז
1 בצל גדול קצוץ
2 שיני שום כתושות
¼ צרור פטרוזיליה קצוצה
¼ צרור כוסברה קצוצה
3-4 ענפי סלרי עדינים קצוצים
½ כפית תבלין לקציצות (רצוי ראס אל חנות)
¼ כפית קינמון
¼ כפית פלפל שחור
½ כפית מרק בטעם עוף (פרווה)
½ כפית פפריקה מתוקה (או 1 כף מהרוטב של התבשיל)
1 ביצה גדולה

לרוטב:
½ כוס שמן
1 בצל בינוני קצוץ דק
½ כפית פפריקה
2 כפיות רסק עגבניות
1 כוס מים

1. חותכים את ראשי הפלפלים (שומרים בצד), מנקים את הפלפלים מהגרעינים, ומכניסים אותם לסיר עם מים. מביאים לרתיחה, מסננים ומצננים.

2. שוטפים את האורז. מכניסים לסיר עם 3 כוסות מים. מבשלים עד שהאורז מתרכך מעט ומסננים. מעבירים את האורז לקערה, מוסיפים את הבצל, השום, עשבי התיבול והתבלינים. מערבבים היטב.

3. מוסיפים את הביצה ומערבבים. ממלאים את הפלפלים עד ¾ מגובהם באורז, מסדרים בסיר וסוגרים בראשי הפלפלים.

הרוטב

1. בסיר נפרד מחממים שמן ומטגנים את הבצל עד להזהבה.

2. מוסיפים את הפפריקה, הרסק והמים. מערבבים ומבשלים כ-20 דקות על אש בינונית (עם מכסה פתוח חלקית). אם צריך מוסיפים מעט מים תוך כדי בישול.

3. יוצקים את הרוטב על הפלפלים הממולאים שבסיר.

4. מביאים לרתיחה, מבשלים את הפלפלים בסיר עם מכסה פתוח מעט על אש נמוכה במשך 30 דקות, עד שרוב הרוטב מצטמצם.

חריימה טריפוליטאי

Triploi-Style Khreimeh

{ 4 מנות }

לרוטב:
1 כף פפריקה חריפה
¼ כפית כמון
¼ כפית קימל טחון (כרויה)
¼ כפית מלח
2 שיני שום כתושות
1 כוס מים
½ כוס שמן
2 כפות רסק עגבניות

לדג:
4 נתחי דג (טונה לבנה, לוקוס או נסיכת הנילוס)
מים פושרים להשריית הדג
½ כפית מלח גס
2-3 כפות מיץ לימון
2 כוסות מים לבישול

הרוטב

1. בקערה קטנה מערבבים את התבלינים והמים לתערובת אחידה.

2. בסיר רחב מחממים את השמן, מוסיפים את תערובת התבלינים ואת רסק העגבניות ומביאים לרתיחה תוך בחישה.

3. מבשלים על אש נמוכה כ-15 דקות ומוסיפים מים לפי הצורך.

הדג

1. שוטפים היטב את נתחי הדג ומעבירים לקערה. מוסיפים את המים הפושרים, המלח הגס והלימון ומשרים למשך כ-25 דקות.

2. שוטפים ומוסיפים את נתחי הדג לסיר הרוטב.

3. מוסיפים 2 כוסות מים ומבשלים על אש נמוכה כ-30 דקות, עד שהדג מוכן והרוטב מסמיך.

ספרא - עוגת סולת טריפוליטאית

Safra - Tripoli-Style Semolina Cake

{ תבנית חד-פעמית בגודל בינוני }

לעוגה:

500 גרם סולת

1 כוס סוכר

½ כוס שמן

½ כוס צימוקים קטנים

1 ביצה

½ שקיק אבקת אפייה

½ שקיק סוכר וניל

1-2 טיפות תמצית וניל

1-2 טיפות תמצית שקדים

1-2 טיפות תמצית רום

½ כוס מים

שקדים ושומשום לקישוט (לא חובה)

לסירופ הסוכר:

1½ כוסות סוכר

2¼ כוסות מים

½ מקל וניל

1-2 ציפורן

מיץ מ-¼ לימון

1. מעבירים את הסולת לקערה ומנפים. מוסיפים את הסוכר, השמן, הצימוקים, הביצה, אבקת האפייה, סוכר הווניל והתמציות ומערבבים לעיסה אחידה.

2. מוסיפים בהדרגה ובאיטיות את המים ומערבבים לעיסה רטובה.

3. משמנים את התבנית ושופכים לתוכה את העיסה. משטחים בעזרת כף לגובה אחיד.

4. מסמנים בשתי וערב את ריבועי החיתוך (עדיין לא חותכים). אפשר להניח שקד מעל כל ריבוע.

5. מכניסים לתנור שחומם מראש ל-170 מעלות ואופים כשעה, עד שהעוגה מקבלת גוון חום בהיר וקיסם הננעץ במרכזה יוצא יבש.

6. חותכים את העוגה לריבועים על פי הסימונים.

סירופ הסוכר

1. מכניסים לסיר את הסוכר והמים, מוסיפים את מקל הווניל, הציפורן והלימון ומביאים לרתיחה.

2. מנמיכים את האש ומבשלים על אש נמוכה עם מכסה מעט פתוח, עד שהסירופ דביק ולא מיימי. מוציאים את הציפורן.

3. יוצקים על העוגה בעודה חמה את הסירופ בעזרת מצקת. ניתן לפזר מעל מעט שומשום לקישוט.

תה בוטנים

Peanut Tea

250 גרם בוטנים לא קלויים
3 כפות תמצית תה ("תה 74")
6-7 כוסות מים
½ כוס סוכר

1. קולים את הבוטנים בתנור בחום של 150 מעלות כ-20-30 דקות. מדי פעם מערבבים מעט כדי שהבוטנים ייקלו מכל הצדדים. מקררים.

2. מקלפים את הבוטנים ומעבירים לצנצנת סגורה (לשימוש נוסף).

3. בפינג'אן מביאים לרתיחה את המים, תמצית התה והסוכר. מנמיכים את האש ומבשלים כ-30 דקות. טועמים בזהירות. אם מר, מוסיפים סוכר.

4. כשהתה מוכן, מסננים אותו לקנקן הגשה. מניחים בכל כוס כף בוטנים קלויים ומוזגים לתוכה תה.

* ניתן לשמור את קנקן התה במקרר ולחמם לפני ההגשה על הכיריים.

סולת מסמלת שפע ומשמשת בלשון חכמים לתיאור מוצרים יקרים וטובים במיוחד. גם הביטוי "שמנה וסלתה" הלקוח מספר ויקרא מציין את המיטב שבמיטב. במטבח הצפון אפריקאי, הסולת משמשת להכנת קוסקוס וקינוחים מתוקים, הנחשבים למאכלי חגים מסורתיים.

Semolina symbolizes abundance and - in the words of the wise - indicates expensive and especially high-quality products. In the North African kitchen, semolina is used to prepare Couscous and sweets, which are eaten on holidays.

Cinnamon to taste (not required)
2 egg yolks
¼ cup semolina

For frying the Mafrum
Flour for coating
2 egg whites
1/3 tsp tomato paste
1/4 cup water

For cooking the Mafrum
2-3 tbs oil
1 sliced onion
¼ tsp tomato paste

1. Peel and slice the potatoes into 2-3 cm thick slices. Splice each slice into two, leaving the halves thinly attached on one side. Let soak in salted water.

2. In a separate bowl, add the parsley, coriander, celery, onion and garlic to the meat. Spice and mix thoroughly.

3. Add yolks and semolina to the meat and mix.

4. Rinse the salt off the potatoes and fill each potato "sandwich" with meat mixture.

Frying the Mafrum

1. Heat oil in a frying pan or wide pot.

2. Place coating flour on a plate or tray, and coat the stuffed potatoes well.

3. In a deep bowl, beat the remaining egg whites with tomato paste and water. Dip the coated stuffed potatoes before placing in hot oil.

4. Fry on both sides until reddish-brown. Place on absorbent paper towel.

Cooking the Mafrum

1. In a flat pot, fry the sliced onion till brown, then add tomato paste.

2. Place the fried Mafrums in the pot, not more than two layers in height. Add water to cover. Bring to a boil, then boil partially covered over a low flame for 30-60 minutes - until the sauce has reduced but not dried.

SAFRA
TRIPOLI-STYLE SEMOLINA CAKE
{ 1 Medium-size disposable baking tray }

Cake
500g semolina
1 cup sugar
½ cup oil
½ cup small raisins
1 egg
5g baking powder
5g vanilla sugar
1-2 drops vanilla extract
1-2 drops almond extract
1-2 drops rum extract
½ cup oil
Almonds and sesame seeds for

decoration
Sugar syrup
1½ cups sugar
2¼ cups water
½ cinnamon stick
1-2 cloves
Juice from ¼ lemon

1. Sift semolina into a bowl. Add sugar, oil, raisins, eggs, baking powder, vanilla sugar and extracts, then mix until uniform.

2. Gradually and slowly, add the water, mixing into a damp paste.

3. Oil the baking dish, then pour in the mixture evenly.

4. Delineate a grid-line pattern (do not cut yet). You can add an almond above each formed square.

5. Place in a preheated oven and bake for an hour at 170°C, until light brown. Test with a toothpick if the center is dry. Cut along grid.

Sugar syrup
1. Place water and syrup in a pot, add the cinnamon, cloves and lemon, and bring to a boil.

2. Lower the flame and cook partially covered until sticky and not watery. Remove the cloves.

3. While still hot, ladle sugar syrup over the cake. You can also spread some sesame seeds on top as decoration.

BASTILLE
{ Makes 20-25 pieces }

8-9 large potatoes (red peel variety)
500g ground beef
1 large onion, finely chopped
1 cup oil
⅓ cup chopped parsley
⅓ cup chopped coriander
⅓ cup chopped celery
1-2 cloves garlic
1 tsp chicken soup powder
1 tsp meat patty spice mix (Ras
 el Hanout)
½ tsp cinnamon
Black pepper to taste
1 egg yolk

For frying
Frying oil
1 egg white
⅓ tsp tomato puree
⅓ cup water
1 cup flour

1. Boil potatoes on high flame in water to cover until soft. Then strain. Peel and mash potatoes.

2. Heat oil in a frying pan, then fry onion till golden.
Add meat and fry while stirring until meat attains a bright color.

3. Add the parsley, coriander, celery, garlic and spices, and stir. Let cool. Add egg yolk and stir.

4. Take a fistful of potato puree and spread on the palm of your hand.

Place some of the meat mixture in the middle and close into a ball - meat on the inside, puree wrapping it from the outside.

5. In a bowl, mix the egg white, tomato puree and water.
Roll the Bastille in the flour; then dip into the egg-white mixture. Place in oil and fry until red on all sides.

Ras el hanout is a popular blend of herbs and spices used across North Africa. Arabic for "head of the shop", it refers to a mixture of the best spices a seller has to offer.

TRIPOLI-STYLE KHREIMEH
{ Serves 4 }

4 servings of fish (white tuna, sea-bass or Nile perch)
½ tsp coarse salt
2-3 tbs lemon juice
Warm water for soaking fish
2 cups water for boiling

Sauce
1 tbs hot paprika
¼ tsp cumin
¼ tsp grated caraway seeds
¼ tsp salt
2 garlic cloves, crushed
1 cup water
½ cup oil
2 tbs tomato paste

Sauce
1. Place paprika, cumin, caraway,

salt and garlic in a bowl, add water and stir till uniform.

2. In a wide pot, heat the oil, then add the spice mixture and tomato paste, bringing to a boil while stirring.

3. Boil over a low flame for about 15 minutes, adding a small amount of water as needed.

Fish
1. Rinse the fish well and place in a bowl. Add the water, the salt and the lemon, and let soak for about 25 minutes.

2. Pat the fish slices dry, then place in the sauce.

3. Add 2 cups water and boil over a low flame for about 30 minutes - until the fish is ready and the sauce has thickened.

MAFRUM
{ Serves 5 }

3-4 potatoes
250g ground meat
½ cup chopped parsley
½ cup coriander
½ cup finely chopped celery
1 medium onion, chopped
3 cloves garlic, crushed
½ tbs chicken soup powder
½ tsp meat patty spice mixture
½ tsp black pepper

ירוחם

השם "ירוחם" מופיע בכתב החרטומים ברשימת הערים בדרום ממלכת יהודה, שנכבשו על ידי שישק מלך מצרים במאה ה-10 לפני הספירה.

The name Yeruham appears in hieroglyphics in a list of southern Judean cities that were conquered by the Egyptian king Shishak, in the 10th century BCE.

מצד ירוחם

במצד ירוחם מצויים שרידים, חלקם משוחזרים, של יישוב גדול מהתקופה הנבטית והביזנטית, הכוללים מבנים מיוחדים בעלי טראסות וקשתות. היישוב, שהטראסות אשר נחשפו בו מעידות על שטחי חקלאות, שימש כנראה כתחנת מעבר בדרך הבשמים העתיקה. המצד ממוקם סמוך לאגם ירוחם, בדרך דרומה לשדה בוקר.

YERUHAM FORTRESS

The archeological site known as the Yeruham Fortress contains remnants of large Nabatean and Byzantine settlements, including terraced structures with unique porticos. The terraces testify to the existence of an agricultural settlement that served as a way-station along the ancient Spice Road. The fortress overlooks Lake Yeruham - on the road south towards Kibbutz Sdeh Boker.

הילדים משחקים הישרדות

חוגי הסיירות הפופולריים בירוחם חושפים את הילדים להתנסויות בנושאי הישרדות ואתגר בטבע. הילדים לומדים, למשל, שמעלי הלענה ניתן להכין תה נגד מחושים, שהאזובית (זעתר) מוסיפה לשקשוקה טעם מיוחד ושלאכילאה יש טעם של מסטיק. הם לומדים גם לזהות צמח שאפשר להכין מענפיו חבל לשאיבת מים מבאר או לחילוץ רכב שנתקע בחולות, להפיק בושם במכתש ועלי, להכין סכינים מאבני צור ולאגור מים מעלי הזוגן. החוויות כוללות פעילויות הסתוות, יצירת כירות לבישולי שדה באמצעות אבנים או חפירה והכנת פיתות ותבשילים מהטבע בהתאם לעונה, למשל צ׳יפסים וקציצות מעלי מלוח.
דודו נבון, מדריך בחוגי הסיירות, היה בעצמו בילדותו תלמיד בחוגי הסיירות שייסדה בירוחם יעל ארצי. אחד היעדים אליהם לוקח דודו את הילדים הוא האוהל של סאלימה משבט עזאזמה, שבילדותה כרועת צאן נהגה לפגוש את יעל ותלמידיה והתיידדה איתם, ומאז בגרה, נישאה, ילדה שישה ילדים, השלימה השכלה ורואה בהסברה על חיי הבדואים מעין שליחות אישית (ר׳ עמוד 86).

KIDS PLAY SURVIVOR

Nature education and hiking clubs have become very popular in Yeruham, exposing children to the challenges of survival in nature. They learn - for example - that Absinthe can be used to prepare tea that's good for aches, that hyssop can be added to Shakshuka, and that the Achillea (Yarrow) tastes like chewing gum. The children learn to identify plants, to prepare knives from flint, and to collect water from Zygophyllum leaves. Hands-on nature activities also include camouflage, field-cooking over rocks and preparing pitta bread and other dishes, such as Orache (salt bush) patties.

ORACHE PATTIES

1 egg
4 heaped tbs flour
1 handful of fresh Orache leaves
Chicken soup powder or pepper
Some flour for dipping
Frying oil

1. Mix all the ingredients and form patties by hand

2. Coat each patty with flour

3. Fry in a frying pan with some oil

* You can substitute marrow leaves for Orache leaves.

PITTA IN THE WILD

Pitta bread can be made in the wild in one of two manners:
Using a Saj (a concave metal dish placed on coals), make the dough of flour, water and a small amount of oil. Flatten and place for a moment on the Saj. Eat with salt and hyssop. If you don't have a Saj, the pitta dough can be spread thicker, then covered with coals for about 10 minutes. Peel off the burnt outer crust and eat the soft inside layer.

קציצות מלוח

1 ביצה
4 כפות גדושות קמח
1 חופן נדיב עלי מלוח טריים
מעט אבקת מרק או פלפל לתיבול
מעט קמח לטבילה
שמן לטיגון

1. מערבבים את כל החומרים ומשטחים קציצות בידיים.

2. טובלים כל קציצה בקמח משני צדיה.

3. מטגנים במחבת עם מעט שמן.

* אפשר להחליף את עלי המלוח בעלי חוביזה קצוצים.

פיתות בשטח

אפשר להכין בטבע פיתות בשתי שיטות:
כשמצוידים בסאג' (משטח מתכת קעור המונח על גחלים ומשמש להכנת פיתות), ניתן להכין פיתות דקות מקמח, מים ומעט שמן: משטחים את הבצק דק-דק, מניחים לרגע על הסאג', מסירים ואוכלים עם מעט מלח ואזובית.
אם אין סאג', אפשר להכין מאותם מרכיבים פיתה עבה יותר ולכסות אותה בגחלים. כעבור כ-10 דקות מקלפים את השכבה החיצונית שהתפחמה, ואוכלים את החלק הרך.

מרקם אזורי

הבדואים אמנם אינם מתגוררים בירוחם עצמה, אך הם חיים בסמוך לה. על אף הקרבה הגיאוגרפית, התנאים הפיזיים בהם הם חיים שונים לגמרי – הבדואים מנהלים חיים שבטיים בפחונים ובאוהלים, רובם ללא תשתיות של חשמל, מים, ביוב וכו'.
כחברה בריאה, ירוחם אינה יכולה לעמוד מן הצד ולהתעלם מחברה החיה בנחיתות לצדה, וכתוצאה מפער זה נולד מיזם מרקם אזורי. במיזם פעילים תושבים ששמו לעצמם למטרה לקדם פתרונות לבעיות הבדואים, והם מקבלים אותם בירוחם באופן שמכבד אותם ומתחשב בצורכיהם. כך למשל, מרגע שנפתחה ביישוב מרפאת שיניים חינם לילדים – זכאים גם ילדי הבדואים לטיפולים. כן התגייסו בירוחם לסייע לבדואים לפתוח אצלם גן לילדי השבט, כשהתברר שהבדואים אינם שולחים כלל את ילדיהם הפעוטים לגן הילדים, בשל המרחק הרב.

האוהל של סאלימה וג'ומעה

סאלימה, משבט אל עזאזמה מכפר רחמא הסמוך לירוחם, היא רעיה ואם לשישה, אך גם בעלת תעוזה ויוזמה. סאלימה, שהיתה האישה הראשונה בשבט שהוציאה רשיון נהיגה ומתכוונת ללמוד באוניברסיטה, אף פתחה עסק עם בעלה לאירוח בדואי. סאלימה הקימה אוהל אירוח יפהפה, צבעוני ונוח, בו היא מקבלת את פני האורחים ביחד עם בעלה ג'ומעה. באוהל היא מדגימה טוויית צמר כבשים, אריגה על נול וקליית גרגרי חיטה או קפה, מגישה לאורחים תה ופיתות, ומספרת סיפורים מרגשים ומרתקים על מעמד האישה הבדואית, התרבות והמנהגים. האוהל של סאלימה וג'ומעה הוא תחנה מרתקת, לא רק בדרכם של מטיילים מבוגרים – גם תלמידי חוגי הסיירות מגיעים אליהם ללמוד פרק בחיי המדבר.

NEIGHBORS (THE *MIRKAM AZORI* GROUP)

Although there are almost no Bedouin living in Yeruham itself, Bedouin tribes live in the unrecognized village of Rahma nearby. In spite of the geographical proximity, physical conditions are entirely different. The Bedouin lead tribal lives in huts and tents, most without electricity and sanitation infrastructure. Residents of Yeruham could not ignore a society living in abject poverty alongside them. As a result, the Neighbors initiative was born, enlisting residents who aim to help solve the problems of the Bedouin in a manner that honors them and respects their needs. Thus, for example, when a free children's dental clinic opened in the city, the Bedouin were invited to use it. Yeruham residents also helped their Bedouin neighbors open a kindergarten, when it was discovered that parents do not want to send their small children to the nearest Bedouin kindergarten because it is over 20 km away.

SALIMA & JUMAH'S TENT

Salima, a member of the Azazmeh Tribe from the nearby unrecognized village of Rahma, is a wife and mother of six. But she is also a daring spirit with an entrepreneurial streak. Salima, who was the first woman in the tribe to obtain a driver's license and study at university, opened her own business - an authentic Bedouin Hospitality Tent. Here, in its colorful comfort, she hosts guests along with her husband, Jumah. She demonstrates the art of wool spinning and weaving, as well as how to toast wheat or coffee beans. She serves tea and Pitta bread while telling exciting tales about the life of a Bedouin woman, the tribal culture and customs. Salima and Jumah's tent is a fascinating stop, not just for adult travelers but also for schoolchildren and hikers who come to learn about life in the desert.

"כשגידלתי את הבנות קניתי
גלילים של בדים בכיתן
ותפרתי להן בגדים בלילות.
היום הן אומרות: 'כשהיינו
איתך בבית חשבנו שהחיים
קלים כי הכל היה בשפע.
עכשיו כשהתחתנו גילינו
שזה לא ככה, שצריך לעבוד
קשה כדי לחיות טוב'".

"When I was raising my
girls, I would buy rolls of
material at Kitan and sew
them clothes at night.
Today they say, 'when we
were with you at home, we
always thought that life
was simple because we had
everything. Now that we're
married, we see that it's not
like that, that we have to
work hard to live well'."

Rivka Azulai

Born in Casablanca, Morocco in 1944
Immigrated to Israel in 1962

“We came to Israel when I was 17. We asked to live in Haifa, near the family. They brought us here on Friday night and said Haifa was ten minutes away. Since then, I’ve been here.

“When I was 18, I married Solomon, may he rest in peace. I had many suitors - even a boyfriend who had stayed back in Morocco, but Solomon was stubborn. He’d sit at father’s door and shoo away anyone who came looking for me, until my father and I gave in. When my boyfriend from Morocco arrived and discovered I was already married, he cried, but my mother comforted him and suggested he marry my sister. That’s what they did, and they’re as happy in their lives as I have been in mine. ‘It’s all been written from above.’

“As a girl, I studied at the Portuguese school in Casablanca. I was a good pupil. I learned French, Portuguese, math, but best of all I loved handicrafts. After school I learned how to sew at local tailors, and by the time I was twelve, I could sew suits for men and evening gowns for women. Grandmother always said that a profession is an important thing, and she was right. It helped me a lot when we got here.

“When my second child was born, I stopped working outside the home. My husband would not let me work under any circumstance. Every year, I had another child. I have ten. My children live in Netanya, Eilat and Beer Sheva. Only two live here in Yeruham. When she was a girl, my daughter used to say they can smell my cooking from the other end of the street. All the food in those days was organic. It gave us strength.

רבקה אזולאי

נולדה בקזבלנקה, מרוקו, בשנת 1944
עלתה לישראל בשנת 1962

”עלינו לארץ כשהייתי בת 17. ביקשנו לגור בחיפה, ליד המשפחה. הביאו אותנו בשישי בערב לכאן, אמרו שחיפה נמצאת במרחק של 10 דקות, ונסעו. מאז אני כאן.

”בגיל 18 נישאתי לסלומון ז״ל. היו לי הרבה מחזרים, ואפילו חבר שנשאר במרוקו, אבל סלומון היה עקשן, ישב בפתח הבית של אבא וגירש את כל מי שבא לחזר אחריי, עד שאבא ואני נכנענו. כשהחבר שהיה לי במרוקו עלה לארץ וגילה שאני נשואה, הוא בכה, אז אמא שלי ניחמה אותו והציעה לו להתחתן עם אחותי. הם באמת התחתנו והם מאושרים, כמו שאני הייתי מאושרת בנישואים שלי. ׳הכל מכתוב׳, ככה אומרים אצלנו.

”כילדה למדתי בבית הספר הפורטוגזי בקזבלנקה והייתי תלמידה טובה מאוד. למדתי צרפתית, פורטוגזית, חשבון, אבל הכי אהבתי את שיעורי המלאכה. אחרי שעות הלימודים למדתי תפירה אצל חייטים בעיר, וכבר בגיל 12 ידעתי לתפור חליפות לגברים ובגדי ערב לנשים. סבתא שלי תמיד אמרה שמקצוע זה דבר חשוב, והיא צדקה, המקצוע הזה עזר לי מאוד כשהגעתי לארץ.

”כשנולד הילד השני, הפסקתי לעבוד מחוץ לבית. בעלי בשום אופן לא רצה שאני אעבוד בחוץ. כל שנה הבאתי ילד, ויש לי עשרה. הילדים שלי גרים בנתניה, באילת ובבאר שבע. רק שתי בנות גרות כאן, בירוחם. כשהיתה ילדה, הבת שלי היתה אומרת לי שהם מריחים את האוכל שלי מקצה הרחוב. כל האוכל היה אז אורגני. זה נתן לנו הרבה כוח.

”אני נוסעת הרבה למרוקו. באחת הפעמים ישבתי שם עם מגדת עתידות, רציתי לשאול משהו על הבת שלי. היא הסתכלה לי בידיים ואמרה: ׳אילו ידיים! כל דבר שאת עושה – מוצלח׳. וזה נכון. אני טוחנת בעצמי את כל התבלינים שלי, תופרת גם שמלות כלה. גם לחג אני

"I travel to Morocco quite often. Once, I went to a fortune teller - I wanted to ask her about my daughter. She looked at my hands and said, 'What hands! Everything you do succeeds.' And it's true. I grind my own spices, sew wedding dresses, and when I make food for the holidays, I cook everything on my own. All my children love their mother's home, and on the holidays, the table for all the children and grandchildren runs all the way from the veranda to the kitchen.

"I've always loved to cook. Many interesting, important and good people have been to my home. Even President Shimon Peres was here."

מבשלת לבד. כל הילדים שלי אוהבים את הבית של אמא, וכשאני מארחת את כל המשפחה לארוחת החג, השולחן מגיע מהמרפסת עד למטבח, עם כל הילדים והנכדים.

"תמיד אהבתי לבשל, והרבה. אני הכי מאושרת כשאני רואה אנשים נהנים מהבישולים שלי ומלקקים את האצבעות. אני נהנית מאוד מהאירוח. הרבה אנשים מעניינים, חשובים וטובים הגיעו אליי הביתה להתארח. גם נשיא המדינה שמעון פרס היה כאן".

"It's customary for us to have two kitchens - one in the back where guests do not enter and where the heavy cooking and frying is done, and one in the front, which is always clean and shiny. That's the 'light kitchen'. I even do my everyday cooking in the 'heavy kitchen'."

"אצלנו מקובל שיש שני מטבחים: מטבח אחד מאחור - במקום שהאורחים לא מגיעים אליו, שם מבשלים את הבישול הכבד והטיגונים, ומטבח אחד מלפנים - שתמיד מבריק ומצוחצח, שנקרא 'המטבח הקל'. גם את הבישולים של היום-יום אני עושה ב'מטבח הכבד'".

✳

הזיתים של רבקה

ירוחם משופעת בעצי זיתים. תושבות העיירה נוהגות לקטוף את הזיתים בעצמן ולהכין מהן זיתים לכל השנה.
רבקה קוטפת את הזיתים מגינתה ומגינות שכנותיה ומכינה מדי שנה בעונה כ-50 ק"ג זיתים המשמשים לאכילה ולבישול במשך כל השנה.

The town of Yeruham has been blessed with many olive trees. The city's residents usually pick the olives themselves and consume them throughout the year. Rivka picks the olives in her garden and those of her neighbors, then prepares about 50 kilograms for eating and cooking.

זיתים שחורים עם מלח

רבקה מטפלת בזיתים השחורים כחודש ימים במסירות רבה. היא שוטפת אותם מהאבק. מעבירה למסננת. מניחה את המסננת מעל סיר. מוסיפה מעט מלח. פורשת מעל הזיתים מפית נקייה ומניחה מעליה אבן מיוחדת השמורה במיוחד לזיתים. האבן דוחסת ומוציאה את נוזלי הזיתים. אחרי 3 ימים מסירה רבקה את האבן והמפית, מפזרת את הזיתים על מגש ומניחה אותם בשמש ליום שלם כדי שיתאווררו ויתייבשו. בסוף היום היא מחזירה את הזיתים למסננת הניצבת מעל הסיר ל-3 ימים נוספים.
כעבור 3 ימים היא מוציאה את הזיתים שוב במגש לשמש וכן הלאה. כעבור חודש ימים וכמה וכמה סבבים, היא טועמת את הזיתים ובודקת האם הם יבשים וטובים לאכילה.
קערת הזיתים בביתה לא מהווה רק תוספת, אלא גם מנה בפני עצמה לנשנוש עם הלחם.

זיתים ביין אדום

הזיתים הגדולים המתאימים למתכון זה הם מזן שאינו גדל בירוחם. רבקה קונה אותם בשוק לפני ראש השנה, כי העונה שלהם מסתיימת מעט אחרי החג.

הכנת הזיתים ביין דורשת סבלנות, אך הסבלנות במקרה זה משתלמת: שוטפים היטב 3 ק"ג זיתים גדולים. חורצים 3 חריצים לאורך כל זית. מכניסים את כל הזיתים לצנצנת. ממלאים במים ומעמידים את הצנצנת על השיש.
במשך חודש ימים מחליפים מדי יום את המים עד שכל המרירות של הזיתים נשטפת.
אחרי חודש מוסיפים לצנצנת את התבלינים: 2 כפות מלח, 10 יחידות של פלפל סודנייה שלם שמפזרים בין הזיתים, בקבוק יין אדום (או קצת יותר) שיכסה את כל הזיתים ו-3 פרוסות לימון. סוגרים היטב את הצנצנת ומעמידים למשך חודש נוסף על השיש.
כעבור חודש אפשר לבדוק האם הזיתים כבר מוכנים. ככל שהזיתים נשארים בצנצנת זמן רב יותר, הם טעימים יותר. חשוב להימנע מהכנסת ידיים לצנצנת. אם משתמשים בכף בלבד להוצאת הזיתים, הם נשמרים אפילו לשנה.

Olives

זיתים ברוטב עגבניות

500 גרם זיתים ירוקים מגולענים
2 עגבניות
5-6 שיני שום
1 כפית רסק עגבניות
1 כוס קטנה מרק עוף או בשר צח
1 כפית פפריקה אדומה עם מעט שמן
½ כפית כמון
1 כפית אבקת מרק עוף
מלח לפי הטעם

1. מבשלים את הזיתים בסיר עם מים עד לכיסוי. מרתיחים
ומסננים. חוזרים על הפעולה פעמיים-שלוש, כדי להוציא את
כל המרירות מהזיתים.

2. מגוררים את העגבניות, חותכים את השום לקוביות קטנות
ומטגנים יחד במחבת כ-10-15 דקות.

3. מוסיפים את רסק העגבניות, המרק והתבלינים. טועמים
ומוסיפים מלח לפי הצורך.

4. מוסיפים את הזיתים ומבשלים כ-10 דקות על אש בינונית.

✳

להכנת מתכון זה מומלץ להשתמש בזיתים הירוקים
הדפוקים ולגלען אותם.

סלט סלק אדום

Beetroot Salad

1 ק"ג סלק
4-5 גבעולי בצל ירוק קצוצים
חופן פטרוזיליה קצוצה
¼ כוס חומץ
¼ כוס שמן
מיץ מ-½ לימון
מלח
פלפל לבן
½ כוס ממי הבישול

1. מבשלים את הסלק בסיר עם מים עד לכיסוי, כשעה עד שעתיים על אש בינונית. נועצים מזלג ומוודאים שהסלק מבושל אך לא רך מדי.

2. מקלפים ומנקים במים זורמים את הסלק המבושל. חותכים לקוביות ומעבירים לקערה.

3. מוסיפים לקערה את הבצל הירוק, הפטרוזיליה, החומץ, השמן, הלימון והתבלינים. מוסיפים ½ כוס ממי הבישול.

* ניתן לשמור את הסלט כשבועיים בכלי סגור במקרר.

חציל ממולא בשר

{כ-15 יחידות}

לאורז:
50 גרם מרגרינה
1 כוס אורז
1¾ כוסות מים רותחים
1 כפית אבקת מרק עוף
מעט פלפל לבן

לחצילים הממולאים:
3 חצילים ארוכים
מעט מלח
½ כוס שמן
2 בצלים קצוצים
500 גרם בשר בקר טחון
½ חבילת כוסברה קצוצה
כמה עלי פטרוזיליה קצוצים
1 כפית תבלין לקציצות (רצוי ראס אל חנות)
1 כפית אבקת מרק עוף
½ כפית פלפל לבן
¼ כפית מלח
½ כפית קינמון

לרוטב:
3 עגבניות
1 כפית פפריקה אדומה בשמן
1 כף רסק עגבניות
1-2 בצלים קצוצים
½ כפית תבלין לקציצות
קורט קינמון
½ כפית אבקת מרק עוף
מעט מלח
מעט פלפל לבן

Stuffed Eggplant

האורז

1. מחממים בסיר את המרגרינה ומטגנים קלות את האורז.

2. מוסיפים את המים והתבלינים ומבשלים על אש נמוכה כ-20 דקות. מצננים.

החצילים הממולאים

1. פורסים את החצילים לאורכם לפרוסות בעובי של כ-1½ ס"מ (כ-5 פרוסות מכל חציל). מניחים על רשת וממליחים מ-2 הצדדים, להוצאת הנוזלים. מחכים כשעה וחצי. שוטפים מהמלח ומייבשים בנייר סופג.

2. במחבת מחממים שמן לטיגון חצי עמוק ומטגנים את פרוסות החצילים. מעבירים למגש לקירור.

3. במחבת מחממים את השמן ומטגנים את הבצלים עד להזהבה.

4. מכניסים לקערה את הבשר עם חצי מכמות האורז המבושל, הכוסברה, הפטרוזיליה והבצל המטוגן – ומערבבים. מתבלים בתבלין הקציצות, אבקת המרק, הפלפל, המלח והקינמון. מערבבים ומכניסים למקרר ל-10 דקות.

5. יוצרים מתערובת הבשר כ-15 קציצות ברוחב החציל. מניחים כל קציצה בקצה החציל ומגלגלים. מניחים בתבנית. מסדרים את הגלילות כשפתח החציל כלפי מטה.

6. מכניסים את תבנית החצילים לתנור ל-10-15 דקות לבישול בחום של 180 מעלות.

הרוטב

1. מגוררים את העגבניות ומבשלים במחבת כ-10 דקות על אש נמוכה. מוסיפים למחבת את הפפריקה ואת רסק העגבניות. מערבבים.

2. במחבת נוספת מטגנים את הבצלים עד להזהבה. מוסיפים לרוטב העגבניות. מתבלים בתבלין הקציצות, הקינמון, אבקת המרק, המלח והפלפל. מבשלים על אש נמוכה כ-5-10 דקות.

3. מוציאים את תבנית החצילים מהתנור, ובעזרת כף יוצקים מעל החצילים את רוטב העגבניות. מחזירים לתנור ל-10-15 דקות נוספות ונזהרים שהרוטב לא יישרף.

*

החציל הממולא הוא מנה לבשלנים סבלניים. כדי לפשט את התהליך ניתן לוותר על שלב הגלגול וליצור מעין מוסקה: מרפדים את התבנית במחצית מכמות החצילים. מסדרים מעל שכבה של קציצות. יוצקים מעל את הרוטב ומכסים בשכבה נוספת של חצילים.

קציצות בשר

Meatballs

אמא של רבקה סיפרה לה בילדותה שלכורכום אמנם אין ריח ואין טעם, אבל הוא מוסיף יופי ובריאות. מאז רבקה מקפידה להוסיף אותו לכל מאכל אפשרי. רבקה, המבשלת באהבה, נוהגת לתת לאוכל "לנוח" ולספוג טעמים בין התהליכים. בין היתר היא נותנת לבשר "לנוח" עם התבלינים לפני שהיא יוצרת ממנו קציצות ומכניסה אותן לרוטב.

{ כ-20 קציצות }

לקציצות:

⅓ כוס שמן
2 בצלים חתוכים בינוני
2 פרוסות חלה
⅔ ק"ג בשר בקר טחון
⅓ ק"ג עוף טחון
כמה עלי כוסברה קצוצים
¼ כפית פלפל לבן
½ כפית מלח
1 כפית תבלין לקציצות (רצוי ראס אל חנות)
¼ כפית קינמון
¼ כפית כורכום

לרוטב:

5 עגבניות
1 כף פפריקה אדומה
½ כוס שמן
1 כפית רסק עגבניות
1 כפית גדושה אבקת מרק עוף

הקציצות

1. מחממים את השמן במחבת ומטגנים את הבצלים עד להזהבה. מקררים.

2. מרטיבים את פרוסות החלה במים פושרים וסוחטים היטב. מעבירים את הבשר הטחון ואת העוף הטחון לקערה. מפוררים היטב את החלה הסחוטה. מוסיפים את הכוסברה, התבלינים והבצלים המטוגנים. מערבבים היטב.

3. מניחים לתערובת לנוח כ-10 דקות. מכינים כדורי קציצות ומעבירים לרוטב.

הרוטב

1. מגוררים את העגבניות ומעבירים לסיר רחב. מבשלים 15-20 דקות על אש נמוכה. ככל שהעגבניות מתבשלות יותר הן טעימות יותר, כי הרוטב מסמיך והחמיצות מתפוגגת.

2. מערבבים את הפפריקה האדומה עם השמן ומוסיפים לסיר. מוסיפים את רסק העגבניות ואת אבקת המרק.

3. מכניסים לרוטב את קציצות הבשר. מוודאים שהרוטב מכסה את הקציצות. אם לא, אפשר להוסיף מעט מים. מכסים, ומבשלים על אש נמוכה כ-30 דקות.

*

לפני שמוסיפים את הבצל המטוגן לבשר - מקררים אותו, כדי שהחום לא "יכה" את הבשר.

Stuffed Chicken Breast Rolls

גלילות חזה עוף ממולא

{ 15 מנות }

לגלילות:

5 גבעולי בצל ירוק חתוכים גס

½ צרור כוסברה קצוץ

¾ כוס שמן זית

½ כפית אבקת מרק עוף

½ כפית פלפל לבן

½ כפית כורכום

½ כפית מלח

1 כפית תבלין לקציצות (רצוי ראס אל חנות)

15 נתחי חזה עוף ארוכים

למילוי:

½ כוס אורז

¼ כרוב לבן

2 גזרים

¼ כוס שמן + כף שמן

250 גרם חתיכות חזה עוף, פרוסות לרצועות דקות

2 בצלים קצוצים

750 גרם עוף טחון

½ צרור כוסברה קצוצה

כמה עלי פטרוזיליה קצוצים

¼ כפית כמון

¼ כפית קינמון

½ כפית תבלין לקציצות

½ כפית מלח

½ כפית פלפל

1 כפית אבקת מרק עוף

✳

הגלילות הממולאות הן מנה מרשימה וטעימה - קלאסית לאירוח, לכן הכמויות חושבו מראש ל-15 סועדים. אפשר להקטין את מספר המנות לפי הצורך. כדי שהגלילות יישארו סגורות ויפות, אפשר לחזק אותן בקיסם.

הגלילות

1. מכניסים לקערה את הבצל, הכוסברה, השמן והתבלינים – ומערבבים למרינדה.

2. מוסיפים את נתחי חזה העוף ומעסים אותם היטב במרינדה.

3. מיישרים ומסדרים את הנתחים בקערה, אוטמים בניילון נצמד או במכסה ומצננים במקרר למשך הלילה.

המילוי

1. מבשלים את האורז עם 1½ כוסות מים על אש נמוכה לבישול מלא. מעבירים לקערה.

2. מגוררים את הכרוב הלבן ואת הגזרים. מחממים ¼ כוס שמן במחבת ומטגנים את הגזרים ואת הכרוב כ-10 דקות על אש נמוכה.

3. מוסיפים את רצועות חזה העוף, מטגנים כ-10 דקות עד שהן מלבינות מכל הצדדים, ומוסיפים לאורז.

4. במחבת נפרדת מחממים כף שמן, מטגנים את הבצלים הקצוצים עד להזהבה. מצננים ומוסיפים לאורז.

5. מוסיפים את העוף הטחון, הכוסברה והפטרוזיליה. מתבלים ויוצרים מהתערובת 15 קציצות. מניחים כל קציצה בקצה נתח חזה העוף ומגלגלים. מסדרים את הגלילות עם הקצה הפתוח שלהן כלפי מטה, בתבנית חד-פעמית בגודל בינוני. יוצקים מעל הגלילות את שארית המרינדה.

6. ממקמים את התבנית בחלק התחתון של התנור ואופים כ-20 דקות בחום של 180 מעלות.
מוציאים, מכסים בנייר אלומיניום ומחזירים לתנור ל-15 דקות נוספות.

ריפעאת דה מאמא – עוגיות ביסקוויט מרוקאיות

Rifat de Mama - Moroccan Biscuit Cookies

{ לכ־1¼ ק"ג }

1 כוס (200 מ"ל) מיץ תפוזים
1 כוס שמן
1 כוס סוכר
4 ביצים
2 שקיקי סוכר וניל
1 ק"ג קמח
2 שקיקי אבקת אפייה
¼ כוס שומשום
¼ כוס גרגרי אניס, גרידת תפוז או קצח (לא חובה)

1. בקערת המערבל מערבבים את מיץ התפוזים, השמן, הסוכר, הביצים, וסוכר הווניל עד לקבלת תערובת אחידה.

2. מנפים לתערובת הרטובה את הקמח ואבקת האפייה. מוסיפים אניס, גרידת תפוז או קצח. לשים לבצק אחיד. מכסים בשקית ניילון ומניחים לבצק לנוח בטמפרטורת החדר כחצי שעה.

3. לשים מעט את הבצק בידיים. מחלקים ל־8 חלקים, ומרדדים כל חלק לעלה דק (העוגיות תופחות באפייה).

4. חותכים את הבצק עם גלגלת משוננת למשולשים או לריבועים. עוקצים עם האצבעות את הבצק ומניחים על תבנית אפייה מרופדת.

5. אופים כ־20 דקות בתנור שחומם מראש ל־170 מעלות.

הרחוב הראשי של ירוחם קרוי על שמו של צבי בורנשטיין – בנו
של מייסד מפעל טמפו ופניציה בירוחם, שנהרג בהתרסקות מטוסו
הקל לא רחוק מירוחם. פניציה היה המפעל הגדול הראשון שנחנך
בירוחם, בשנת 1967, 16 שנה לאחר הקמת היישוב.

Yeruham's main road is named after Zvi Borenstein - the
son of the founder of the Tempo and Phoenicia factories
in Yeruham. Zvi was killed in a light airplane crash near
Yeruham. Phoenicia was the first large factory to be
established in the city in 1967, 16 years after Yeruham
was founded.

ירוחם היתה המעברה הראשונה שהוקמה רחוק ממרכז הארץ ורחוק
מכל יישוב קיים.

Yeruham was the first transit camp (ma'abara) for new
immigrants established far from the center of the country
and far from any other existing settlement.

מתגלגלים בירוחם בין מכתש לאגם

מרכז האופניים שהוקם בשנת 2007 מציע פעילויות רכיבה לנוער המקומי, וכן פועל כמיזם עסקי תיירותי שמטרתו למשוך לאזור רוכבים מקצועיים וחובבים, משפחות, וגם כיתות של בתי ספר המשלבות טיולים ורכיבה בשטח ובנוף המיוחד. יובל לביא, מנהל יחידת הנוער בחינוך הלא פורמלי המנהל גם את המרכז, מספר: ״חברה מקצועית הציעה שלושה מסלולים בדרגות קושי שונות ותכננה את התוואי ואת השבילים. במדבר, כיוון התוואי יכול לקבוע האם השיח הסמוך ייסחף בשיטפון או ישרוד אותו, לכן התכנון המקצועי כאן חשוב במיוחד. אורכו של המסלול המאתגר 30 ק״מ והוא מטפס למכתש הגדול, עובר מעל הצוק ויורד עד האגם, תוך שהוא מקיף את ירוחם ונופיה.

״סיקול ועיבוד השבילים לאורך המסלול נעשה במשך חודשיים באמצעות מאות מתנדבים ובני נוער מבני המקום וקבוצות מתנדבים מבחוץ, כדי לחסוך בהוצאות. במקביל שוקם המבנה שיועד למרכז, הוכשר מדריך ונרכשו עשרות זוגות אופניים. המרכז מפעיל חוגים לילדים ובני נוער, מקיים אירועי רכיבה המוניים ומציע למטיילים בודדים ולקבוצות הדרכה מקצועית, אופניים להשכרה במבחר גדלים, ומסלולים המאפשרים להתחבר לנוף ולטבע בדרך בלתי אמצעית״.

בתי הספר בירוחם קיבלו מספר פעמים את
פרס החינוך.

Yeruham schools have often received
the National Education Prize.

RIDING THE YERUHAM - MAKHTESH TRAIL

The Biking Center, established in 2007 offers riding activities to local youngsters. It also operates as a commercial tourism enterprise, aimed at attracting professional and amateur bike-riders, families and school classes. Yuval Lavi, the Director of the youth department at Yeruham's Community Center, also manages the Biking Center. According to Yuval, "a professional company proposed three routes of varying difficulty and planned the paths. In the desert, a shrub may determine the route, and so meticulous planning is important. The most challenging route is 30 km, climbing up to the Large Makhtesh, as it circumnavigates all of Yeruham and its scenery.

"Clearing the rocks and marking the paths along the routes took two months and hundreds of local youngsters, as well as volunteers from out of town - all to keep the cost down. At the same time, an existing structure was renovated to serve as the Biking Center, guides were trained, and bikes were purchased. We organize events and offer guidance, rentals and routes so visitors can experience the scenery and nature in the most direct manner possible."

"אני הכי אוהבת לאפות
עוגות, במיוחד עוגות ועוגיות
מרוקאיות, הן תמיד מזכירות
לי שמחה. את עוגיות היו-יו
למדתי להכין מאמא שלי
ז"ל, וכשאני מכינה אותן הן
מזכירות לי אותה".

"Most of all, I love baking
cakes, especially Moroccan
cakes and cookies, which
always remind me of happy
times. I learned to make
Yo-Yo cookies from my
mother, blessed be her
memory, and when I make
them, I remember her."

Shula Amar

Born in Casablanca, Morocco in 1955
Immigrated to Israel in 1959

Shula Amar was a toddler - no more than three - when she left Morocco with her parents and four brothers in 1959. She remembers nothing, but she's heard the stories. "Our life in Morocco was good," she recounts. "Father was a carpet merchant and mother never worked. We were smuggled to Israel in a ferry through Gibralter. We left by night taking whatever we could - some bags, blankets - leaving everything else behind. My little brother was a baby and he cried. They told us to throw him into the sea so we wouldn't get caught. Luckily, he stopped crying. When we arrived in Israel we asked to be taken to Haifa where we had family. They brought us by trucks to Yeruham instead and said, 'Get off, you're in Haifa.' More trucks came and people began arguing, because each family had been told they'd arrived some place else."

Shula's father first worked for the JNF, then at the Nuclear Research Center. Her mother worked as a cook in a Yeshiva. She had four more children in Israel.
Shula learned to cook from her mother, and she tries to bequeath that love to her daughter, who specializes in creating beautiful "flower" arrangements made of candies and sweets.

Shula's fondest memories are of growing up in Yeruham. The most popular pastime was seeing a Turkish or Indian film in the afternoon at the town center. Later, everyone else would arrive, and by 9 pm, the roads would be deserted.

"We spent a lot of time at home," she remembers. "There was nothing here. Even the bus came only three times a day. But there was an army base here. When a woman

שולה עמר

נולדה בקזבלנקה, מרוקו, בשנת 1955
עלתה לישראל בשנת 1959

שולה עמר היתה רק פעוטה בת שלוש כשעזבה את מרוקו עם הוריה וארבעת אחיה בשנת 1959, ולכן אינה זוכרת דבר, אך היא מכירה היטב את הסיפורים.

"חיינו טוב במרוקו", היא מספרת. "אבא היה סוחר שטיחים ואמא אף פעם לא עבדה. באנו לישראל בהברחה, במעבורת, דרך גיברלטר. עזבנו בלילה, לקחנו את מה שאפשר – כמה תיקים ושמיכות, ואת כל השאר השארנו מאחורינו. אחי הקטן היה תינוק ובכה. אמרו לנו לזרוק אותו למים כדי שלא יתפסו אותנו. למזלנו הוא השתתק. כשהגענו לישראל ביקשנו שיביאו אותנו לחיפה, היתה לנו שם משפחה. הביאו אותנו לירוחם במשאית ואמרו לנו: 'תרדו, הגעתם לחיפה'. הגיעו עוד משאיות, ואנשים התחילו להתווכח אחד עם השני כי לכל אחד אמרו שהגענו למקום אחר".

אביה של שולה עבד קודם בקק"ל ואחר כך בקריית המחקר הגרעינית. אמה עבדה כמבשלת בישיבה. בארץ נולדו להם ארבעה ילדים נוספים. מאמה למדה שולה לבשל, והיא מנסה להנחיל אהבה זו גם לבתה, המתמחה בין היתר ביצירת זרי פרחים אכילים יפהפיים מסוכריות צבעוניות.

הזיכרונות הכי טובים שלה הם מתקופת ההתבגרות בירוחם. הבילוי הפופולרי היה סרט הודי או טורקי בהצגה יומית בקולנוע במרכז העיירה. בשעות הערב כולם היו מגיעים למרכז, נפגשים, מדברים – ובתשע בערב הרחובות היו מתרוקנים לחלוטין.

"היינו הרבה בבית, לא היה כאן כלום. אפילו אוטובוס היה רק שלוש פעמים ביום. אך היה כאן בסיס צבאי. אישה שהיתה צריכה ללדת, יצאה מכאן עם טנדר צבאי", היא נזכרת.

"התחנכתי בירוחם, וכשסיימתי את בית הספר עבדתי בנגב קרמיקה במשך 12 שנה, ומאוחר יותר היה לי גן

needed to give birth, they'd take her to the hospital in an army truck.

"I was educated in Yeruham. When I finished school, I went to work at Negev Ceramics for 12 years. Later, I had my own kindergarten at home. I didn't go to the army, because in my day, it was unacceptable for religious girls to serve. My daughter Hodaya did serve - as an officer.

"Yeruham is wonderful because everyone helps one another. Recently, there was a *Henna** ceremony for the neighbor's daughter who was getting married. So I cooked everything and my daughter prepared her a package of all kinds of things she'd need in the house - a grater, a blender, silicon baking dishes… even an exercise book with all of my recipes.

"Our hospitality and ability to improvise is well-known. One day, a man knocked on the door. He said he represented 40 soldiers who are trying to organize a meal before commencing special training. They were looking for someone to do the cooking quickly. We organized ourselves and prepared mufletas and fricassees, and everyone was happy."

Henna or Hina is a flowering plant. It produces a red-orange dye that is used to mark the hands of the bride and bridegroom and their guests before the marriage and on other festive occasions.

"One Friday night, a soldier came over and asked if he might be able to take a shower. I gave him a towel, prepared the table with a tablecloth and said, 'It's Friday night. Sit and eat.' A week later, he came again, this time with cakes from his mother and a letter of thanks."

ילדים בבית. בצבא לא הייתי, כי בזמני לא היה מקובל כאן שבנות מסורתיות משרתות בצבא. הבת שלי, הודיה, כן שירתה בצבא – כמפקדת.

"ירוחם מצטיינת בעזרה הדדית. לאחרונה היתה חינה לבת של השכנים, חברה טובה של הבת שלי – אז בישלתי לה לבד את כל החינה והבת שלי הכינה לה ערכה עם כל הדברים הקטנים שצריך לבית: פומפייה, מקצף, תבניות סיליקון וכו', וגם מחברת עם כל המתכונים שלי.

"הכנסת האורחים ויכולת האלתור שלנו מפורסמות: יום אחד דפק כאן אדם על הדלת וסיפר שהוא מייצג 40 חיילים שמנסים להרים ארוחה חגיגית לפני יציאה למסלול, והם מחפשים מישהו שיבשל להם במהירות. התארגנו בזריזות והכנו להם מופלטות ופריקסה וכולם היו מאושרים".

"בערב שישי אחד בא לכאן חייל ושאל: 'אפשר להתקלח?' נתתי לו מגבת, סידרתי שולחן עם מפה ואמרתי לו: 'שישי בערב, שב, תאכל'. שבוע אחר כך הוא הגיע שוב, והביא מאמא שלו עוגות ומכתב תודה".

✳

סלט גזר מרוקאי

Moroccan-Style Carrot Salad

8 גזרים
1 כף שמן
1 חופן כוסברה
2 שיני שום קצוצות
1 כפית פפריקה מתוקה
מעט מלח, לפי הטעם

1. מקלפים את הגזרים וחותכים כל גזר לפרוסות עגולות.

2. מרתיחים מים בסיר. מוסיפים את הגזרים ומבשלים עד שמתרככים מעט.

3. מחממים במחבת את השמן. מוסיפים את הגזרים, הכוסברה, השום, הפפריקה והמלח. מערבבים בזהירות כדי שהפרוסות יישארו שלמות ומטגנים קלות מכל צד.

* ניתן לשמור עד יומיים במקרר.

סלט חצילים עם לימון כבוש

Eggplant and Pickled Lemon Salad

1 חציל
1 פלפל אדום חריף או מתוק, לפי הטעם
2 שיני שום
½ לימון
מלח
פלפל
1 כף שמן
מיץ מ-½ לימון
¼ כפית קינמון

1. מקלפים את החציל וחותכים ל-4 פרוסות.

2. מרתיחים מים בסיר קטן, מוסיפים את החציל, הפלפל, השום והלימון. מרתיחים למשך כ-10–15 דקות עד שהחציל רך ומבושל. מסננים, מוציאים את הלימון ומצננים.

3. מועכים את החציל והשום בעזרת מזלג או מועך.

4. מתבלים במלח, פלפל, שמן, מיץ לימון וקינמון.

* אפשר לשמור בכלי סגור במקרר עד 4–5 ימים.

פסטלים תפוחי אדמה
Potato Pastilles

{ כ-20 פסטלים }

4-5 תפוחי אדמה בינוניים
1 ביצה קשה קצוצה דק
3-4 ענפי כוסברה קצוצים
¼ כפית מלח
קורט פלפל לבן

לטיגון:
1 ביצה
קמח לקימוח
שמן עמוק

1. מקלפים את תפוחי האדמה ומכניסים לסיר. מוסיפים מים עד לכיסוי. מבשלים עד שתפוחי האדמה רכים מאוד (בודקים על ידי נעיצת סכין). מסננים ומעבירים לקערה.

2. מועכים את תפוחי האדמה לפירה. מוסיפים את הביצה הקשה, הכוסברה, המלח והפלפל ומערבבים היטב. מקררים.

3. יוצרים כדורים (בגודל כדורי פינג פונג).

4. טורפים בצלחת את הביצה.

5. מרפדים צלחת נוספת בקמח.

6. טובלים כל כדור תפוחי אדמה בביצה, מגלגלים בקמח ומטגנים בשמן עמוק.

7. מוציאים אל צלחת מרופדת בנייר סופג ומגישים חם.

*

ניתן להוסיף לפירה תפוחי האדמה גם טונה או בשר מבושל.

מרק חרירה
Harira Soup

½ כוס גרגרי חומוס
½ כוס עדשים חומים
2 בצלים גדולים, קצוצים
½ צרור כוסברה קצוצה
½ צרור פטרוזיליה קצוצה
2 עגבניות מגוררות
1 כפית מלח
2 כפות אבקת מרק עוף
½ כפית פלפל לבן או שחור
½ כוס אטריות מרק דקות
¼ כוס קמח
מיץ מ-½ לימון

1. משרים את גרגרי החומוס והעדשים במים למשך הלילה.

2. מסננים את גרגרי החומוס והעדשים ומכניסים לסיר. מוסיפים את הבצלים הקצוצים, עשבי התיבול, העגבניות והתבלינים. מוסיפים מים עד ¾ מגובה הסיר ומביאים לרתיחה.

3. מבשלים כשעה על אש בינונית בסיר מכוסה, או כ-25 דקות בסיר לחץ (רצוי).

4. מוסיפים לסיר את האטריות וממשיכים לבשל.

5. מערבבים את הקמח עם מעט מים ומעבירים לסיר דרך מסננת, תוך בחישה מהירה, כדי שלא ייווצרו גושים.

6. מבשלים כ-5 דקות נוספות. מוסיפים את מיץ הלימון, מערבבים ומסירים מהאש.

Harira soup, satisfying and rich in vitamins, is what the Moslems break the fast with every evening during the month of Ramadan. Moroccan Jews learned from the Arabs how to prepare the soup and made it a staple dish for the evening before the fast of Yom Kippur - the Day of Atonement.

מרק החרירה המשביע והעשיר בוויטמינים הוא המרק שהמוסלמים פותחים בו את הצום בערבי חודש הרמדאן. היהודים המרוקאים למדו מהערבים להכין את המרק, והפכו אותו לחלק מהסעודה המפסקת שלפני צום יום הכיפורים.

קציצות עם סלרי

Meatballs with Celery

{ 5-6 מנות }

לקציצות:

125 גרם בשר הודו אדום טחון
125 גרם בשר שווארמה טחון
125 גרם בשר בקר טחון
½ צרור כוסברה קצוצה
1 תפוח אדמה בינוני
1 בצל גדול
1 כפית אבקת מרק עוף
¼ כפית כורכום
¼ כפית סוכר
1 כפית מלח
2 כפות שמן

לסלרי:

1 חבילת סלרי
¼ כפית כורכום
¼ כפית אבקת מרק עוף
¼ כפית פלפל לבן

1. מעבירים לקערה את כל סוגי הבשר הטחון. מוסיפים את הכוסברה.

2. מגוררים בפומפייה את תפוח האדמה והבצל, סוחטים מהנוזלים ומוסיפים לבשר.

3. מוסיפים את התבלינים. מערבבים לתערובת אחידה ויוצרים כדורי קציצות.

4. מקלפים מענפי הסלרי את הסיבים. שוטפים היטב וחותכים את כל הסלרי - כולל העלים, לרצועות של 2-3 ס"מ.

5. מכניסים לסיר רחב את הסלרי, מוסיפים מים עד לכיסוי, מתבלים בכורכום, באבקת מרק עוף ובפלפל. מבשלים בסיר מכוסה עד שהסלרי רך.

6. מניחים את כדורי הקציצות מעל הסלרי ומבשלים כ-20 דקות על אש נמוכה.

*

במקום קציצות אפשר להוסיף לסלרי כרעי עוף. זמן הבישול של הכרעיים ארוך יותר מזמן הבישול של הקציצות, לכן יש להכניס אותן לסיר ביחד עם הסלרי. מבשלים את העוף עם הסלרי על אש נמוכה כ-45 דקות. כמה דקות לפני תום הבישול מוסיפים מיץ לימון או פרוסות מ-½ לימון.

מופלטה

Mufleta

מופלטה היא המאכל הצפון-אפריקאי המסורתי המוגש בשמחות, בעיקר בחגיגות המימונה שלאחר חג הפסח.

1 ק"ג קמח
½ כפית שמרים טריים
1 כפית מלח
2½ כוסות מים פושרים
½ כוס שמן

להגשה:
דבש
חמאה

1. מנפים את הקמח לקערה. מוסיפים את השמרים והמלח ומערבבים.

2. מוסיפים את המים ולשים לבצק רך, נעים ולא דביק.

3. יוצרים מהבצק כדורים בגודל תפוח בינוני ומניחים על משטח משומן (אין צורך להתפיח).

4. שופכים את השמן לקערה, ובעזרתו דואגים לשמן את הידיים לפני שמשטחים כל כדור בצק. משטחים ופותחים כל כדור בצק בעזרת הידיים לעלה דק מאוד.

5. מטגנים את הבצק במחבת מספר שניות מכל צד. כאשר הופכים צד, מניחים מעל את המופלטה הבאה. וכשהופכים צד, הופכים ביחד עם הראשונה. מטגנים בדרך זו את כל המופלטות בלי להוציא אותן עד סוף התהליך מהמחבת. שיטת הטיגון משאירה את המופלטות חמות עד ההגשה.

6. מגישים עם דבש וחמאה בצלוחיות נפרדות.

בשמחת תורה ובשבועות נוהגים לאכול מאכלי חלב ומעדנים המכילים דבש, כדי לקיים את הפסוק "נפת תטפנה שפתותיך כלה דבש וחלב תחת לשונך" (שיר השירים ד', 11)

On Simchat Torah and Shavuot, it is customary to eat dairy dishes and delicacies containing honey, in accordance with the verse, "Thy lips, O my spouse, drop as the honeycomb, honey and milk are under thy tongue." (Song of Songs IV, 11)

עוגיות יו-יו

Yo-Yo Cookies

{ 45-50 עוגיות }

5 ביצים
2 שקיקי אבקת אפייה
2 שקיקי סוכר וניל
¾ כוס סוכר
¾ כוס שמן
1 קליפת לימון מגוררת
1 כף קוניאק (לא חובה)
750 גרם (5⅓ כוסות) קמח

לטיגון:
שמן עמוק

לסירופ הסוכר:
2½ כוסות (500 גרם) סוכר
2 כוסות מים
½ לימון

לקישוט:
250 גרם קוקוס

העוגיות

1. טורפים את הביצים בקערה. מוסיפים את אבקת האפייה, סוכר הווניל, הסוכר, השמן, קליפת הלימון והקוניאק ומערבבים היטב.

2. מוסיפים את הקמח בהדרגה, תוך כדי לישה לבצק רך ומעט דביק.

3. עוטפים את הבצק בניילון רפוי ומניחים להתפחה כשעה בטמפרטורת החדר.

4. קורצים מהבצק כדורים בגודל כדורי פינג פונג. מגלגלים לגליל בצורת נקניקייה וסוגרים לצורת כען.

5. מטגנים את עיגולי הבצק בשמן עמוק עד להזהבה ומוציאים בעדינות למסננת.

סירופ הסוכר

1. מכניסים לסיר את הסוכר, המים והלימון. מביאים לרתיחה. בוחשים מדי פעם ומבשלים על אש נמוכה עד שהסירופ נעשה סמיך כדבש.

2. מפזרים את הקוקוס על צלחת. טובלים כל עוגייה בסירופ הסוכר ואחר כך בקוקוס ומעבירים לצלחת הגשה.

הריבות של שולה

אפשר להכין ריבה מכל פרי או ירק, כולל עגבניות, חבושים וחצילים (!) העיקרון הבסיסי הוא להוסיף לכל ק"ג אחד של פרי - ק"ג אחד של סוכר. אם הפרי מתוק מאוד, היחס בין הסוכר למים משתנה, וכמות הסוכר שמוסיפים מופחתת. בריבת תאנים למשל, מוסיפים לכל ק"ג פרי - רק חצי ק"ג סוכר, ואילו בריבת צימוקים מוסיפים לכל ק"ג פרי - רק רבע ק"ג סוכר.

You can make jam from almost any fruit or vegetable, including tomatoes, quinces and even eggplants (!). The basic concept is to mix one kg of fruit for every kg of sugar. If the fruit is very sweet, the water-sugar ratio may change - using a little less sugar. With figs, for example, you only need half a kilo of sugar for every kg of fruit, and with raisins - a quarter kilo of sugar.

ריבת תאנים Fig Jam

1 ק"ג תאנים
2½ כוסות (500 גרם) סוכר
1 כוס מים
1 כפית קינמון

1. שוטפים את התאנים וחוצים אותן. מכניסים לסיר.

2. מוסיפים את הסוכר, המים והקינמון ומבשלים כ-45 דקות על אש נמוכה, עד שהנוזלים מצטמצמים.

3. מקררים מעט ומעבירים לצנצנות נקיות ומעוקרות.

ריבת תפוזים Orange Marmalade

4 תפוזים גדולים בעלי קליפה עבה
1 ק"ג סוכר
1 כפית שטוחה קינמון

1. מגוררים על פומפייה את קליפות התפוזים (רק הקליפה העליונה הכתומה ולא החלק הלבן, המר).

2. נועצים בעזרת מזלג מסביב לתפוז 4-5 נעיצות. שולקים את התפוז במים רותחים כ-10 דקות. מוציאים ומקררים.

3. פורסים את התפוזים לפרוסות ומכניסים לסיר. שופכים מעל הפרוסות את הסוכר ומניחים ללילה בחוץ, כדי שהסוכר יימס עם מיצי הפרי.

4. למחרת מבשלים את התפוזים על אש בינונית בין ½ שעה ל-¾ שעה, עד שהמים נגמרים.

5. מצננים ומעבירים לצנצנות סגורות הרמטית.

ריבת אתרוגים היא חלק בלתי נפרד משולחן החג בסוכות,
והיא נחשבת לסגולה לפריון ולשפע.

Citron (Heb: etrog) jam is an essential dish on the
Succoth dinner table and is considered to be a
potion for fecundity and prosperity.

ריבת אתרוגים   Citron Jam

4 אתרוגים בינוניים
½ ק"ג סוכר
1 לימון

1. מקלפים את הקליפה העדינה העליונה של האתרוגים
וחותכים לריבועים גסים.

2. מעבירים לסיר עם מים עד לכיסוי ומביאים לרתיחה.
מבשלים 10 דקות. מצננים ומסננים.

3. מחזירים לסיר את האתרוגים ושופכים מעל את הסוכר.
רוחצים את הלימון, פורסים אותו עם קליפתו לפרוסות,
מסלקים את הגלעינים ומניחים מעל הלימון את האתרוגים
המבושלים. משאירים ללילה בטמפרטורת החדר.

4. למחרת מבשלים את האתרוגים עם הסוכר, הלימון
והנוזלים. מביאים לרתיחה ומבשלים על אש נמוכה כ-30
דקות ללא מכסה, עד שהנוזלים מצטמצמים.

5. מצננים ומעבירים לצנצנות סגורות הרמטית.

Sugar syrup

1. Place sugar, water and lemon in a pot and bring to a boil, stirring frequently. Cook over a low flame until attaining a honey-like consistency.

2. Place grated coconut on a plate. Dip each pretzel into the syrup, then into the coconut, and place on a serving tray.

MUFLETA

1 kg flour
1 tsp fresh yeast
1 tbs salt
½ cup oil

1. Sift flour into a bowl, then add the yeast and salt, and mix.

2. Gradually add warm water while kneading until attaining a soft and pleasant dough that isn't sticky.

3. Separate the dough into balls - about the size of a medium apple and place on an oiled surface (no need to let rise).

4. Pour oil into bowl and oil hands before using them to flatten the balls of dough. Each ball should be flattened as thin as possible.

5. Fry for several seconds on each side. After turning the mufleta over, place the next sheet on top, turning the whole pile over next time around. Thus, the mufletas are all fried without being removed from the frying pan until the end of the process. This ensures that the mufletas stay warm until they are served.

6. Serve with honey and butter.

MOROCCAN-STYLE CARROT SALAD

8 carrots
1 tbs oil
1 bunch coriander
2 cloves chopped garlic
1 tsp sweet paprika
Salt to taste

1. Peel carrots and slice.

2. Boil water, then add carrots and boil until they begin to soften.

3. Heat oil in a frying pan. Add the carrots, coriander, garlic, paprika and salt. Mix carefully to prevent the carrot slices from breaking and fry lightly on both sides.

* May be kept refrigerated for up to 2 days.

CITRON JAM

4 medium size citrons
½ kg sugar
1 lemon

1. Peel the delicate outer layer of the citron and cut the remaining citron into course squares.

2. Place in a pot with water to cover and bring to boil. Cook for 10 minutes. Chill and strain.

3. Return the citrons to the pot and pour in the sugar. Rinse the lemon and slice with its peel. De-pit and place over the cooked citrons. Let lie overnight at room temperature.

4. The next day, cook the citrons with the sugar, the lemon and the liquids. Bring to a boil, then cook on a low flame uncovered for about 30 minutes, until liquids reduce. Chill and transfer to hermetically sealed jars.

FIG JAM

1 kg figs
2½ cups sugar (500g)
1 cup water
1 tsp cinnamon

1. Rinse the figs well, then halve and place in a pot.

2. Add sugar, water and cinnamon, and cook for about 45 minutes over a low flame until liquid reduces.

3. Chill slightly and transfer to clean sterilized jars.

POTATO PASTILLES

{ about 20 pastilles }

4-5 medium size potatoes
3-4 sprigs chopped coriander
1 hard-boiled egg, finely chopped
¼ tsp salt
Pinch white pepper

For frying
1 egg
Flour for coating
Oil

1. Peel potatoes and place in pot. Cover with water. Boil until very soft (check by inserting a knife). Strain and place in a bowl.

2. Mash potatoes. Add hard-boiled egg and spices, mix well and cool.

3. Form into ping-pong sized balls.

4. Beat egg in a bowl.

5. Place flour in another bowl.

6. Dip each ball in the egg, then roll in flour before deep frying.

7. Place on a plate with absorbent paper and serve hot.

You may also add tuna or cooked meat to the potato puree.

HARIRA SOUP

½ cup chickpeas
½ cup brown lentils
2 large onions, chopped
½ bunch coriander, chopped
½ bunch parsley
1 tsp salt
2 tomatoes, grated
2 tbs chicken soup powder
½ tsp black or white pepper
½ cup thin soup noodles
¼ cup flour
Juice from ½ lemon

1. Soak chickpeas and lentils in water overnight.

2. Strain chickpeas and lentils, then place in pot. Add onions, herbs, tomatoes and spices. Add water to ¾ height and bring to a boil.

3. Boil covered over a medium flame for an hour, or (preferably) for 25 minutes in a pressure cooker.

4. Add noodles to pot.

5. Mix flour with a small amount of water, and strain into pot while stirring quickly to prevent the formation of lumps.

6. Cook for an additional 5 minutes Add lemon juice, stir and remove from flame.

YOYO COOKIES

{ Makes 45-50 cookies }

5 eggs
2 packets (10g each) baking powder
2 packets (10g each) vanilla sugar
¾ cup sugar
¾ cup oil
1 grated lemon peel
1 tbs brandy (optional)
750g flour (5⅓ cups)
Frying oil

Sugar syrup
2½ cups sugar (500g)
2 cups water
½ lemon

Decoration
250g grated coconut

Cookies
1. Beat the eggs in a bowl. Add the baking powder, vanilla sugar, sugar, oil, lemon peel and brandy, and mix.

2. Gradually add the flour, and work into a soft, slightly sticky dough.

3. Place the dough in a loose fitting plastic bag and let rise for an hour at room temperature.

4. Divide dough into ping-pong sized chunks, and roll. Close these to form pretzels.

5. Fry pretzels til golden and strain.

"המומחיות שלי בבישול היא ארוחת בוקר, שהיא הארוחה הכי כיפית ביום. בטבע תמיד התיאבון מתעורר והכל טעים עוד יותר".

"My expertise is breakfast, which is the most fun meal of the day. Out in nature, one always has a healthy appetite, and everything tastes better."

Yael Artzi

Born and raised in Jerusalem
Came to Yeruham in 1986

During her military service, Yael Artzi was assigned to the Kfar Etzion Field School, where she established a hiking and nature activities club in Beit Shemesh. As a result, Yael fell in love with the people and atmosphere of development towns. Upon her release from the army, she married Yohanan (who alongside his work as a hydrologist at the Dead Sea Works, finds time to help her in the kitchen), and the two sought out a small and quiet place to live together amidst the desert scenery. Their choice was Yeruham. Although their initial intention was to come for a year - in order to establish nature activities at the local community center - they immediately fell in love with the place and stayed.

"The people's enthusiasm and response was immense," Yael remembers. "We announced a trip to the Sternbergia Reserve, and 200 people showed up. There was a genuine desire to open up to new opportunities and see the area. People didn't even know that they had such an amazing Makhtesh next door to their home."

"When we first came to the Negev, we thought that everything is known and mapped, but when we began to search for water, we had to ask the Bedouin. One of them suddenly remembered that when he was four, he had gone with his mother to a spring in the hills, where water emerges within a cavern all year long. He took us to the Af'ah Mountain range - several hours walk - and we found the Katar Pa'i Spring, which until then did not appear on any map. Nowadays it's on all the maps of the Negev.

"We established a desert and nature studies center here, whose aim is to connect people with the area and the

יעל ארצי

נולדה וגדלה בירושלים
הגיעה לירוחם בשנת 1986

במהלך שירותה הצבאי שובצה יעל ארצי בבית ספר שדה כפר עציון, ובמסגרת זו הקימה חוג סיירות בבית שמש. כך התאהבה יעל באנשים ובאווירה של עיירת פיתוח. אחרי הצבא נישאה ליוחנן (העובד כיום כהידרולוג במפעלי ים המלח, אך מסייע לה בכל עת גם בבישולים), והשניים חיפשו מקום שקט וקטן עם נוף מדברי יפה מסביב להתחיל בו את חייהם המשותפים. הבחירה היתה ירוחם. במקור הם הגיעו רק לשנה, כדי להקים חוגי סיירות במתנ"ס, אך נקשרו - ונשארו. "ההתלהבות וההיענות של התושבים לחוגים היתה אדירה", מספרת יעל. "הודענו על סיור לשמורת החלמוניות, והגיעו 200 אנשים. היתה תשוקה אמיתית להיפתח להזדמנות לראות את הסביבה. אנשים בכלל לא ידעו שיש להם מכתש מדהים כזה ליד הבית.

"כשהגענו לנגב חשבנו, אגב, שהכל כבר מוכר ומופיע במפות, אבל כשהתחלנו לחפש מקורות מים פנינו לבדואים, ואחד מהם פתאום נזכר: 'כשהייתי בן ארבע הלכתי עם אמא שלי למעיין בהרים שנובע כל השנה בתוך מערה'. אמר, והוביל אותנו מהלך כמה שעות לרכס אפעה. אכן גילינו שם מעיין הנקרא קטר פעי, שלא הופיע עד אז באף מפה. כיום הוא מופיע על מפת הנגב והוא הנקודה הכחולה שלנו על המפה.

"הקמנו כאן מרכז לימודי שדה, שמטרתו לחבר את האנשים לסביבה ואת הסביבה לאנשים. במשך השנים גיבשנו צוות המפיק פעילויות פורמליות של בתי ספר, ופעילויות נוספות מעמיקות של חוגי סיירות וטיולי משפחות. הפעילות העיקרית שלנו היא עם ילדים. ילדי ירוחם זוכים לחוויות מדהימות בזכות האפשרויות הטבעיות של המקום. ארגז החול שלהם הוא המכתש שנמצא במרחק כמה דקות. חשוב לנו שכל אחד ירגיש שהוא גר במדבר. הפעילויות בטבע כוללות היכרות עם החי, הצומח והדומם והתנסויות חווייתיות. כל נושא נלמד באמצעות מגע, התנסות ופעילויות בישול, בנייה ויצירה.

area to the people. Over the years, we have put together a team that has produced formal activities for schools and additional informal educational activities that center on hiking and family trips. Our main activities are with children. The kids of Yeruham enjoy amazing experiences thanks to the area's natural wealth. Their sandbox is the Large Makhtesh, which is minutes away. It's important for us that every one will feel he or she lives in the desert. Hands-on activities include getting to know the flora, the fauna and inanimate nature as well. Each topic is studied through contact, experimentation and activities such as cooking, construction and creative arts.

"One summer month, for example, we decided to build an igloo as part of our World Journey activities - one that the children could actually enter. 250 children, each got a 4 liter box of water that Thursday and was asked to bring it with a block of ice on Sunday. The result - an amazing 250 block igloo in the middle of the desert, in the middle of the Yeruham summer.

"The heart of my activities centers on field studies, but since I also love to cook, I also produce catered events at the Makhtesh or by the Lake for guests coming to Yeruham."

"באחד מחודשי הקיץ למשל, החלטנו במסגרת הנושא 'מסע עולמי' להקים איגלו אמיתי, כזה שהילדים יוכלו להיכנס אליו. 250 ילדים קיבלו כל אחד קופסה של 4 ליטר ביום חמישי, והתבקשו להביא אותה עם קרח קפוא ביום ראשון. כך הגיעו 250 קוביות מים ונבנה איגלו מדהים בלב המדבר, בחום הירוחמי הקיצי.

"לב העשייה שלי הוא מרכז לימודי השדה, אבל מכיוון שאני גם מאוד אוהבת לבשל (בחתונה שלנו הכנו לבד את כל האוכל ל-600 אנשים!) אני עושה גם הפקות אירוח מושקעות במכתש או ליד האגם לאורחים שמגיעים לירוחם. המתכונים אינם המצאה שלי, אספתי אותם מפה ומשם, וגם הרקע הצרפתי מהבית סיפק רעיונות ועודד התנסות במטבח."

✳

לחמניות רכות Soft Rolls

יעל: "הסוד של הלחמניות הרכות הללו, אותן מכין יוחנן, האיש שלי, טמון בבצק הרך. אחרי האפייה עוטפים את הלחמניות במגבת כדי לשמור עליהן רכות ופריכות".

{ ל-12 לחמניות }

1 ק"ג קמח
1 כף גדושה שמרים יבשים
3 כפות סוכר
קורט מלח
1 ביצה
כ-3 כוסות מים חמימים

לציפוי:
1 חלמון ביצה
גרעיני דלעת או שומשום

1. מחממים תנור ל-170 מעלות.

2. מערבבים את הקמח עם השמרים. מוסיפים את הסוכר, המלח והביצה. מוסיפים מים בהדרגה עד שניתן ללוש את התערובת לבצק רך.

3. לשים היטב ומניחים לשעה להתפחה.

4. יוצרים מהבצק לחמניות עגולות. מסדרים אותן ברווחים שווים על נייר אפייה בתבנית ומניחים שוב להתפחה. מורחים על הלחמניות חלמון ומפזרים מעל גרעיני דלעת או שומשום.

5. אופים כ-15–20 דקות עד שהלחמניות משחימות. לאחר האפייה, עוטפים את הלחמניות במגבת לשמירת הטריות.

בלינצ'ס פטריות Mushroom Blintzes

{ כ-30 יחידות }

לבלילה:
3 כוסות קמח
4 כוסות חלב
4 ביצים
50 גרם חמאה מומסת
קורט מלח
מעט חמאה לטיגון

למילוי:
מעט חמאה לטיגון
2 בצלים קצוצים
1 סלסלת פטריות שמפניון פרוסות
1 כף אבקת מרק פטריות
מלח
פלפל
200 גרם גבינה צהובה מגוררת

1. מכניסים לקערת המערבל את הקמח, החלב, הביצים והחמאה ומערבלים לתערובת אחידה. מתבלים במלח.

2. מחממים מעט חמאה במחבת, יוצקים בעזרת מצקת מהתערובת, ומטגנים כל חביתייה משני הצדדים עד להשחמה. מניחים את החביתיות המוכנות זו מעל זו בצלחת.

3. מכינים את המילוי: מחממים מעט חמאה במחבת, מטגנים את הבצלים עד להזהבה. מוסיפים את הפטריות, אבקת המרק, המלח והפלפל ומקפיצים מספר דקות, עד שכל הטעמים נספגים ומתערבבים.

4. מניחים מהמילוי במרכז כל חביתייה, מגלגלים ומניחים בתבנית חסינת חום.

5. מפזרים מעל כל הבלינצ'סים את הגבינה הצהובה המגוררת ומכניסים לתנור להמסת הגבינה.

פשטידת גבינת עזים

Goat Cheese Pie

{ לתבנית בקוטר 24 ס"מ }

לבצק:

125 גרם גבינה לבנה

100 גרם מרגרינה

כ-1½ כוסות קמח

למילוי:

½ גליל גבינת עזים (פרומעז)

כ-10 עגבניות שרי

1 בצל ירוק

1 פלפל צהוב

2 ביצים

1 שמנת לבישול

מעט אגוז מוסקט

מלח

פלפל

הבצק

1. מכניסים לקערה את הגבינה הלבנה, המרגרינה והקמח ולשים לבצק הניתן לרידוד. אפשר להוסיף מעט קמח לפי הצורך.

2. מרדדים את הבצק לגודל התבנית, כולל השוליים, ומרפדים בו את התבנית.

המילוי

1. מורחים מעל הבצק את גבינת העזים בשכבה אחידה.

2. חוצים לשניים כל עגבנייה ומסדרים מעל הגבינה, כשהחתך כלפי מטה.

3. קוצצים את גבעולי הבצל הירוק ומפזרים מעל.

4. חותכים את הפלפל לפרחים ומסדרים מעל.

5. טורפים את הביצים עם השמנת. מוסיפים לתערובת את התבלינים ויוצקים מעל הירקות.

6. אופים כ-20 דקות בתנור שחומם מראש ל-180 מעלות.

*

ניתן להכין מבצק הגבינה גם פשטידות אישיות קטנות בתבנית שקעים או בתבניות חד-פעמיות. מעל הבצק אפשר להוסיף חצילים, פטריות או בצל מטוגנים, ומעל הירקות לצקת את הביצים הטרופות עם שמנת.

גבינת שמנת ביתית

Homemade Cream Cheese

4 גביעי שמנת חמוצה (עדיף "שמנת של פעם")
2 כפיות מלח

לקישוט:
זעתר, צ'ילי גרוס, פפריקה או שברי אגוזים

1. שופכים לתוך חיתול בד נקי את השמנת החמוצה וזורים מעל את המלח.

2. מניחים את הבד בתוך מסננת למשך הלילה, כדי לאפשר לנוזלים לצאת.

3. למחרת ניתן ליצור מהגבינה כדורונים ולגלגל אותם בזעתר, צ'ילי גרוס, פפריקה או שברי אגוזים.

פחזניות

Cream Puffs

{ ל-30 פחזניות }

לפחזניות:
200 גרם מרגרינה
2 כוסות מים
2 כוסות קמח
5 ביצים

למילוי:
1 שמנת מתוקה
1 אינסטנט פודינג בטעם וניל
1 כוס חלב

1. מחממים תנור ל-250 מעלות.

2. ממיסים את המרגרינה עם המים בסיר על אש גבוהה. לאחר שהמרגרינה נמסה, מנמיכים את האש ומוסיפים את הקמח. מערבבים היטב עד לקבלת מרקם אחיד. מכבים את האש ומוסיפים בהדרגה את הביצים תוך ערבוב חזק.

3. מרפדים תבנית בנייר אפייה. בעזרת 2 כפיות, מעבירים אל התבנית כדורי בצק קטנים, במרחקים של 2 ס"מ זה מזה.

4. אופים בחום של כ-250 מעלות עד לתפיחה.
מנמיכים לחום של כ-150 מעלות ואופים כ-10 דקות נוספות עד שהפחזניות משחימות. מקררים.

5. מכינים את קרם המילוי: מכניסים את השמנת המתוקה, הפודינג והחלב לקערה, ומקציפים לקרם מוצק.

6. כשהפחזניות מתקררות, חורצים בהן חריץ למילוי וממלאים בקרם.

*

יעל נוהגת לסדר את הפחזניות במגדל שגובהו כגודל האירוע והשמחה. כדי שהמגדל יהיה יציב, יוצרים קרמל מכוס סוכר, ומשתמשים בו כדבק בין הפחזניות.

ריבת תפוזים ותפוחים Orange & Apple Marmalade

2 תפוזים
2 תפוחי עץ חמצמצים מסוג גרנד
4 כוסות סוכר

1. מוציאים מהתפוזים ומהתפוחים את הגלעינים וטוחנים הכל, עם הקליפה, בבלנדר.

2. מעבירים לסיר על אש נמוכה. מוסיפים סוכר ומבשלים תוך כדי בחישה מפעם לפעם כשעה. מוסיפים את הסוכר. מבשלים על אש נמוכה כשעה עד שנראה מוכן.

*

כדי לבדוק אם הריבה מוכנה, יעל מניחה כפית מהתבשיל על צלוחית קרה ומתבוננת במרקם.

CREAM PUFFS
{ makes 30 cream puffs }

Puffs
200g margarine
2 cups water
2 cups flour
5 eggs

Cream filling
1 container (200g) whipping cream
1 packet instant pudding
1 cup milk

1. Preheat oven to 250°C

2. Melt margarine and water in a pot over a high flame. After the margarine has melted, lower the flame and add the flour. Mix well until constant. Remove from flame and slowly add the eggs while mixing vigorously.

3. Line a tray with baking paper, then transfer small amounts of dough 2cm apart utilizing two teaspoons.

4. Bake at 250°C until puffs have risen, then lower heat to 150°C and bake for an additional 10 minutes, until puffs begin to brown. Let cool. Prepare cream filling: place cream, pudding and milk in a bowl and whip until stiff.

5. Once the puffs have cooled, inject cream.

Yael arranges her cream puffs as a tower whose height is determined by the size and importance of the event. To maintain stability, caramelize a cup of sugar and use it to 'glue' together the cream puffs.

SOFT ROLLS
{ Makes 12 rolls }

1 kg flour
1 heaped tbs dry yeast
3 tbs sugar
Pinch salt
1 egg
About 3 cups warm water

Coating
1 egg yolk
Pumpkin or sesame seeds

1. Preheat oven to 170°C

2. Mix flour with yeast, add sugar, salt and egg. Slowly add water until the mixture can be worked into a soft dough.

3. Knead well and set aside to rise for an hour.

4. Form round rolls from the dough and arrange neatly on a paper-lined baking dish. Set aside again to rise. Coat with egg yolk and spread seeds on top.

5. Bake for about 15-20 mins, until brown. After taking out of oven, cover with a kitchen towel.

HOMEMADE CREAM CHEESE

4 containers sour cream (4 x 200g)
2 tsp salt

Decoration
hyssop, ground chili, paprika or crushed walnuts.

1. Pour cream into a cloth diaper and add salt.

2. Place diaper in a strainer overnight, enabling the liquids to drip out.

3. The next day, form small balls of the cheese and coat in hyssop, ground chili, paprika or crushed nuts.

ORANGE & APPLE MARMALADE

2 oranges
2 apples - Granny Smith variety
4 cups sugar

1. Pit apples and oranges, then mix them - peels and all - in a blender.

2. Place in pot over a low flame. Add sugar and cook, stirring from time to time, until ready.

To check if the marmalade is ready, Yael places a spoonful on a cold plate and examines its texture.

הפרנה בגבעה

פרנה היא שיטת בישול ואפייה על חלוקי נחל. בכפרים ובעיירות במרוקו היתה מצויה פרנה מרכזית, אליה נהגו היהודים להביא את סירי החמין בערב שבת, ובשבת בצהריים היו שולחים את הילדים להביא את החמין המבושל. לכבוד שבת, היו אופים בחצרותיהם לחם בפרנות שנבנו בשיטה קדמונית מבוץ ומחלוקי נחל. כמה מיוצאות מרוקו שהתיישבו בירוחם הקימו גם הן בחצרותיהן פרנות לאפייה עצמית של לחם, בדומה לפרנות שהכירו בארץ מולדתן. ויויאן אזולאי מספרת כי גם אמה ז"ל בנתה לעצמה פרנה כזאת על הגבעה ומדי יום שישי נהגה להכין לחם ולחלק לשכנים. ויויאן, שהתגעגעה לטעם הלחם של אמה, בנתה ביחד עם אלי בעלה פרנה משוחזרת עם חלוקי אבן מנחל צין בתוך מבנה תעשייתי, ובני הזוג יוצרים שם לחמים מרוקאיים מסורתיים בגרסאות עכשוויות לפי הזמנה.

בפורים אופים לחם תוצרת בית עם שתי ביצים קשות שלמות, המסמלות את עיניו של המן הרשע.

In Purim, homemade bread is made with two whole hardboiled eggs inside, which symbolize the eyes of Haman.

THE FRENNA ON THE HILL

Frenna is a cooking and baking oven technique employing river pebbles. In the villages and towns of Morocco, there was always a central Frenna where the Jews used to bring their pots of Hamin (cholent) on Friday nights. The next day, the children would arrive to pick up the cooked Hamin for the family lunch. For Shabbat, people would bake bread in their yards in Frennas, primitively built from mud and river pebbles. Some of the women who came to Yeruham from Morocco had Frennas built in their yards so that they could bake bread, as their mothers and grandmothers had done before them.

Vivien Azulai's deceased mother built one on the hill, and on Fridays, she would prepare bread, which she then distributed among her neighbors. Vivienne and her husband constructed a Frenna using pebbles from the Zin River bed inside an industrial building, where they bake updated versions of traditional Moroccan bread to order.

אמנות במדבר

אנה אנדרש מרכוס, ציירת בעלת מוניטין בינלאומיים שיצירותיה פזורות באירופה, ישראל וארצות הברית, התגוררה בירוחם מעל 17 שנה. בקורות חייה באים לידי ביטוי היבטים משמעותיים של תולדות ימינו ועמנו. אנה נולדה בגרמניה בשנת 1914, למשפחה של אמנים ויוצרים. בעקבות השתתפותה במחתרת האנטי-נאצית, יצירותיה – שכמה מהן כבר היו תלויות במוזיאונים – הושמדו, והיא הוגלתה לאי מרוחק. אנה עלתה לישראל בשנת 1969, ובמשך כ-20 שנה התגוררה עם בן זוגה שלמה מרכוס במרומי הר הזיתים, בלב שכונה ערבית. עבודותיה של אנה מוצגות במוסדות ציבור ובבתי תפילה ברחבי אירופה ובישראל.

בשנת 1988, עברו בני הזוג מרכוס להתגורר בירוחם. נופי המדבר העניקו לאנה השראה, והיא הרבתה לצייר כמה מהנופים המיוחדים – טבעיים ומעשי ידי אדם – המצויים בקרבת ירוחם, בין מכתש לאגם, וכן ברחבי הנגב. תמונותיה של אנה משולבות בפעילות לתלמידים הקבועים ולקבוצות אורחות של עמותת עתיד במדבר, ומהוות השראה ללימוד מקורות יהודיים וישראליים וליצירה הנובעת מן הלימוד.

תרומתה של אנה לירוחם מתבטאת בדרכים שונות: ציורי קיר שלה מעטרים מוסדות ציבור בעיירה, במשך מספר שנים לימדה אנה ציור באופן פרטי את תושבי העיירה, עבדה עם קשישים, ילדים ומבוגרים. תמונותיה של אנה מעטרות את קירות בית המדרש ומעניקות השראה לבאים בשעריו.

אנה הלכה לעולמה ביום שני, ב' בניסן תשס"ה, 11.4.05, כחודשיים לפני יום הולדתה ה-91. היא נקברה בהר הזיתים, לא רחוק מהמקום בו התגוררה בעבר.

(קטע מדבריה של דבי גולדמן גולן, כפי שנכתבו בחוברת לזכרה של הציירת אנה אנדרש מרכוס)

שלמה מרכוס, המתגורר בביתם עתיר הזיכרונות, התמונות והספרים בירוחם, מקפיד לקדם את פני הבאים עם שולחן ערוך "כדרכו של אברהם אבינו". שלמה, המארח קבוצה מתושבי המקום מדי שבת לשיחה על אקטואליה ופילוסופיה, עוסק בכתיבה ובעריכת ספרים בתחומים פילוסופיה והיסטוריה, חלקם בשיתוף עם אישים ומוסדות בחו"ל.

ART IN THE DESERT

Internationally renowned artist Anna Andersch-Marcus, whose works can be found throughout Europe, Israel and the United States, lived in Yeruham for over 17 years. She took inspiration from the place, and bequeathed to it her talent and her art. Her life story is a reflection of significant aspects of our national history. Anna was born in Germany in 1914 to a family of artists. Due to her activities in the anti-Nazi underground, she was exiled to an isolated island, and her works - some of them already hanging in museums - were destroyed.

Anna immigrated to Israel in 1969 and for twenty years lived with her husband Shlomo Marcus in an Arab neighborhood on the Mount of Olives. Her works hang in public institutions and places of worship in Israel and Europe.

In 1988, the Marcuses moved to Yeruham, where the desert scenery - natural and man-made - inspired Anna to create her unique landscapes, depictions of the Yeruham surroundings, the Lake, the Makhtesh and the Negev. Her paintings are exhibited at the Atid Bamidbar Center, where they inspire the study of Jewish and Israeli sources amongst students and visiting groups.

Anna's contribution to Yeruham has been varied - murals on public buildings, art lessons she provided to the young and the elderly alike, and her paintings, which can be found also at the municipal library, the Local Council and private homes in town.

(Reproduced from the booklet printed in memory of Anna Andersch Marcus)

Shlomo Marcus, who lives in their Yeruham home steeped in memories, paintings and books, takes care to greet guests with a table laden "as in the tradition of Abraham our father." Shlomo occupies himself writing and editing books on philosophy and history - many in cooperation with people and institutions abroad.